LES ENFANTS DU DERNIER SALUT

Colette Brull-Ulmann est une ancienne pédiatre et résistante qui a participé au sauvetage de nombreux enfants juifs durant la Seconde Guerre mondiale. Elle a été décorée de la croix de guerre par le général de Gaulle en 1945 et de la Légion d'honneur en 2019.

COLETTE BRULL-ULMANN
AVEC JEAN-CHRISTOPHE PORTES

Les Enfants du Dernier Salut

CITY

ISBN : 978-2-253-07847-0 – 1re publication LGF

En souvenir
de Claire Heyman.

Avant-propos

Ce livre n'est pas un ouvrage d'historien.

Il est le récit d'une vie sur la base de mes souvenirs, très anciens. Certains détails ont pu s'émousser avec le temps, mais l'essentiel est là : j'ai voulu raconter les miens, ce que j'ai vu, et surtout rendre hommage à la personnalité extraordinaire de Claire Heyman, moi, une petite main de son réseau, au nom de tous ceux qu'elle a sauvés.

J'ai voulu qu'on puisse se souvenir d'elle, que l'on sache ce qu'elle a fait, parce qu'elle a pris tous les risques pour l'essentiel : tendre la main aux enfants et les aimer.

1

Décembre 1942

Je n'ai qu'à fermer les yeux pour tout revoir.

Paris est plongé dans la nuit – pas seulement Paris, mais le monde entier, plongé dans la haine et dans la destruction. En tout cas, les passants sont peu nombreux à cette heure, et c'est tant mieux. Moins je croise de monde, moins je risque d'être repérée. J'ai décousu l'étoile sur mon manteau, pris les faux papiers qui me désignent sous le nom de Colette Mosnier, prétendument bretonne et catholique. Si je suis arrêtée, cela aggravera mon cas (et de beaucoup), mais je n'ai pas d'autre choix. Mieux vaut ne pas y penser.

Le cœur déjà battant, je descends la rue Santerre, longeant un mur qui forme le côté d'un grand quadrilatère. Derrière, on devine les toits de hauts bâtiments en brique. Une petite cour pavée s'ouvre plus loin, qui donne sur un porche d'entrée.

L'hôpital Rothschild.

Dans leur loge, un genre de loge de concierge, les deux flics de service me regardent passer. L'hôpital est gardé jour et nuit. À force, on se connaît tous. Un petit salut de la main. S'ils savaient que je suis venue sans mon étoile, et avec des faux papiers ! S'ils savaient que je ne vais pas ressortir par cette issue, l'issue officielle qu'ils surveillent, mais par la porte de la morgue…

S'ils savaient ce que je suis venue faire…

Je leur souris, profitant de la pénombre pour dissimuler ma poitrine sous l'écharpe, puis je m'éloigne, mes pas résonnant bruyamment sous le porche.

Mon cœur s'est accéléré, car je ne me fais aucune illusion : s'ils me surprennent, ils m'arrêteront. Ils me confieront certainement à d'autres policiers bien moins conciliants, peut-être même à la Gestapo, et je serai frappée pour qu'on me force à dire ce que je sais. Et même si j'en sais peu (car je ne suis qu'une petite main du réseau, une petite interne de vingt-deux ans), je parlerai sans doute. Je sais comment ils traitent leurs prisonniers : à l'hôpital, j'ai soigné un résistant passé dans les mains de la Gestapo. Il était couvert de bleus et d'ecchymoses, à moitié mort.

Si je parle, tout le réseau risque de sauter. Tous ces enfants promis à la déportation n'auront plus d'espoir de salut.

Un frisson de peur, que j'oublie bien vite.

Derrière l'entrée, l'hôpital est plongé dans l'obscurité et le silence. Je distingue à peine le bel espace gazonné, très clair, où s'alignent des pavillons à deux étages, en brique rouge. Et comme pour tenter de me rassurer, je me remémore mon arrivée ici, un peu plus d'un an plus tôt.

Mon premier poste d'interne.

C'était l'aboutissement d'un rêve, une victoire. À quatorze ans, je n'avais été ni à l'école ni au lycée.

Et lorsque j'avais annoncé à ma mère que je voulais devenir médecin – médecin pédiatre –, elle avait ouvert des yeux stupéfaits.

— Tu veux dire que tu veux travailler à l'hôpital ? Comme infirmière ?

— Non, pas infirmière. Comme médecin. Je veux soigner les enfants dans les colonies.

— Soigner des enfants…

Ma famille, ruinée, s'est réfugiée à Tunis. Désœuvrée, je m'étais inscrite à un stage d'infirmière à la Croix-Rouge. Dès mon premier contact avec l'hôpital, j'avais su que ce métier était pour moi. Tout m'avait plu, les salles bien propres, les médecins et les infirmières en tenue. Je me voyais très bien dans un dispensaire au fond de la brousse à sauver les enfants de maladies graves, comme le docteur Schweitzer. Pas un instant je n'avais réfléchi aux obstacles que je devrais franchir, mais mon entourage s'en était chargé.

— Mais enfin, Colette, c'est ridicule, m'avait dit ma mère, embarrassée. Pour être médecin, tu sais bien qu'il faut le bac ! Est-ce que tu te rends compte que tu n'es jamais allée à l'école ?

— Eh bien, j'irai !

Et j'y suis allée. Je suis entrée au lycée, j'ai eu le bac, puis le concours d'entrée à la faculté de médecine. Et maintenant, je suis interne.

Mais dans quelles circonstances !

Depuis la débâcle de 1940 et l'arrivée au pouvoir de Pétain, le gouvernement déchaîne les discriminations contre nous, les Juifs : plus de cinéma, plus de théâtre, interdiction de prendre le métro avec les non-Juifs : il faut monter dans la voiture de queue.

Plus le droit d'être fonctionnaire, chef d'entreprise, avocat ou médecin.

Par miracle, parce que mon père est ancien combattant, j'ai obtenu une dérogation et j'ai pu continuer mes études de médecine (ils ont instauré un numerus clausus pour les étudiants israélites). Deuxième miracle, j'ai décroché un poste d'interne dans le seul établissement du pays où nous avons encore le droit d'exercer : l'hôpital Rothschild.

En arrivant ici, un an plus tôt, j'ai découvert autre chose : ici, on prend en charge les internés de Drancy et des autres camps. On les opère, on les hospitalise, on fait accoucher les femmes enceintes.

Rothschild est un hôpital-prison, une annexe de cette inquiétante *déportation* dont nous connaissons les conditions, nous qui sommes au cœur du système : à cinquante par wagon ou plus, sans eau et sans nourriture. Les enfants, surtout les petits, n'ont pratiquement aucune chance de survivre.

Alors, ceux qu'on accueille ici ne retournent parfois jamais à Drancy.

L'hôpital dissimule un réseau d'évasion.

Ce soir, je sais qu'un de nos petits patients ne dort pas. On l'a réveillé, alors qu'il s'était à peine couché, on lui a intimé le silence, et dans ces circonstances les enfants comprennent et obéissent : ils sont déjà des survivants, habitués à avoir peur, à se taire et à fuir. Je ne sais pas encore à quoi ressemble ce gamin, si c'est une fille ou un garçon. Peut-être l'ai-je déjà aperçu, peut-être pas.

Mais ce n'est pas important.

Je longe un des bâtiments de l'administration, frissonnant de froid malgré l'écharpe et mon petit chapeau de feutre, une traînée de buée accompagnant chacun de mes pas.

Le sol brille de givre, et l'air aussi, des petits halos estompés se forment autour des rares lumières encore allumées.

Claire Heyman m'attend dans son bureau.

— C'est bien, tu es à l'heure, me dit-elle avant de prendre son manteau.

Et nous ressortons. Un court trajet jusqu'à la chambre où attend l'enfant. Nous n'allumons pas de lumière, circulant à pas prudents dans l'obscurité des couloirs. Mal réveillé, le garçon est pâle, ses yeux sont agrandis par la peur. J'imagine l'infinité de questions qu'il n'ose pas poser.

Nous marchons rapidement vers la partie de l'hôpital où se trouve la morgue. Le petit avance à mes côtés, ses semelles résonnent fort sur le sol, fort dans l'escalier qui conduit au sous-sol. Il me semble que tout l'hôpital entend l'écho de nos pas, nos respirations plus courtes.

Et mon cœur s'accélère à mesure que nous descendons dans les profondeurs du bâtiment.

Claire Heyman pousse la porte de la morgue, emprunte un couloir, dépassant la salle où l'on entrepose les corps. Arrivée au bout, moi et l'enfant sur ses pas, elle pousse doucement la poignée d'une autre porte.

Celle-ci n'est pas fermée à clé comme elle devrait l'être en principe. Je pousse un soupir de soulagement intérieur ; les complicités ont joué. Dehors, c'est l'obscurité de la rue, l'air glacé, presque un brouillard.

Tout à l'heure dans son bureau, Claire Heyman m'a donné une adresse quelque part dans Paris. Pour m'y rendre, j'ai une bonne heure de marche à pied. Prendre le métro est absolument exclu : il y a trop de contrôles.

— Tu as deux heures avant le couvre-feu, me dit Claire. Ça ira ?

Je hoche la tête. Dans l'ombre du couloir, ses traits réguliers m'apparaissent à peine. Je le sais, elle risque beaucoup plus que moi si on nous arrête, elle qui dirige le réseau d'évasion. Pourtant, le son de sa voix ne trahit pas le moindre trouble. Qui pourrait la soupçonner, elle, l'assistante sociale de Rothschild, souriante, calme et sans histoires ?

Dans un frisson de sympathie, nous échangeons un dernier regard, puis je retrouve la fraîcheur glaciale de la rue. Je serre entre mes doigts la petite main du garçon. Est-il orphelin ? Ses parents sont-ils internés à Drancy ou déjà déportés ? Je n'en sais rien et je ne veux surtout pas le savoir.

L'important, c'est de le sortir d'ici, de cette antichambre de la déportation. Alors, nous marchons d'un bon pas dans l'obscurité presque totale, et je tremble à chaque coin de rue de rencontrer une patrouille de policiers ou de soldats allemands.

Les trottoirs s'allongent devant nous, scintillants de givre. Nous nous enfonçons dans la nuit, dans cette immense ville occupée et triste sans échanger un mot. Au bout, ce sera la liberté pour cet enfant. La vie sauve.

Peut-être.

2

Avant

Je suis née en 1920 à Paris d'une famille d'immigrés juifs roumains du côté de mon père, juifs pieds-noirs du côté de ma mère. Mon grand-père paternel, digne vieillard, qui, à mes yeux de petite fille, semblait d'un âge canonique (il est mort lorsque j'avais onze ans), ne nous a jamais vraiment raconté son arrivée en France.

Il avait les yeux très bleus, une grande barbe et des cheveux blancs, et nous allions le voir tous les dimanches à Paris.

Avec lui, c'est toujours le même rituel. Nous, les enfants, nous arrivons en claironnant :

— Bonjour, grand-père !

— Bonjour, les enfants ! nous répond-il.

Et il sort de sa poche une petite boîte de bonbons rouges et plats, appelés coquelicots. Et nous dégustons religieusement nos coquelicots pendant que les adultes discutent de choses d'adultes.

Ma grand-mère est une femme frêle qui me semble extrêmement âgée (elle ne l'était pourtant pas plus que son mari). Très effacée, elle participe d'autant moins aux conversations qu'elle est intégralement sourde. Ses enfants (ils sont sept) se relayent à son oreille pour lui expliquer ce qui se passe. Ce qui transforme par moments les conversations familiales en un genre de cacophonie. Quand je suis devenue médecin, j'ai su qu'elle souffrait d'une otospongiose, une maladie qui déclenche la surdité chez les femmes et s'aggrave à chaque grossesse.

Le grand-père parle parfaitement le français, avec un petit accent qui lui fait rouler les « r ». La France était pour lui une terre promise, il avait tout fait pour s'intégrer. Quittant son village natal de Roumanie, près de la frontière moldave, il avait rejoint à Vincennes son beau-frère, un chiffonnier dénommé Horn. Il avait voulu s'établir aux États-Unis, mais n'avait jamais pu réunir assez d'argent pour s'y rendre avec les siens.

À Paris, Abraham Brull (par la suite, il s'est fait appeler Albert) a travaillé comme ouvrier ébéniste et sculpteur sur bois dans le faubourg Saint-Antoine, son métier de base. Il y est resté trente-cinq ans et a fini contremaître.

Il n'évoquait jamais son passé et mettait un point d'honneur à ne pas parler le yiddish devant ses enfants, à qui il avait donné des prénoms strictement français (du moins, à ceux nés ici) : Isidore, Maurice, Renée et Blanche. À la fin des années 1880, mon grand-père s'était fait naturaliser avec sa femme et les deux premiers enfants nés en Roumanie.

Mon père, Samuel Brull, était un enfant de la République. Issu d'une famille d'immigrés pauvres, il se rendait à pied à l'école communale du douzième arrondissement de Paris, quartier alors très ouvrier, quel que soit le temps. Son cadeau d'étrennes était le plus souvent une orange dont il suçait le jus par un sucre d'orge creux. Mis à part la grand-mère, la famille n'avait pratiquement pas de religion, le grand-père Abraham (ou Albert, donc) étant, lui, profondément athée.

Après l'école communale, Samuel, brillant élève, avait pu aller jusqu'au baccalauréat grâce à une bourse. Il mangeait mieux à la cantine que chez lui, en particulier du poisson que les Brull ne cuisinaient jamais. Un jour, il m'avait raconté son dégoût devant un plat étrange, une raie au beurre noir. Après le bac, une deuxième bourse lui avait permis de préparer des études d'ingénieur et d'intégrer l'École centrale.

À cette époque aujourd'hui si lointaine, la France rêvait de revanche. Il fallait laver l'humiliation de 1870, la débâcle de Sedan et l'annexion de l'Alsace-Lorraine. Nos militaires avaient les yeux fixés sur la ligne bleue des Vosges, on préparait la guerre. Pour rien au monde mon père ne se serait dérobé à son devoir civique ; il avait donc passé trois ans sous les drapeaux comme officier d'artillerie. Ces trois années ont forgé son destin : malgré son origine plus que modeste, cultivé, passionné par la musique, la peinture, la sculpture ou la littérature, il s'était lié avec les milieux des officiers.

Après l'armée, mon père avait obtenu un poste important dans l'industrie métallurgique. Il était le premier des Brull à bien gagner sa vie et considérait comme un devoir d'aider ses frères et sœurs, nés en France et par conséquent bien plus jeunes que lui.

Il avait ainsi supervisé les études d'Isidore (plus tard, il se fit appeler Jacques), qui voulait devenir dentiste. En 1940, un jour que je séchais sur l'ostéologie du sphénoïde, un os du crâne, mon père m'avait montré que je me trompais : il se souvenait encore des leçons qu'il dispensait vingt ans plus tôt à son cadet. Son autre frère, Maurice, était devenu ingénieur pour l'industrie automobile grâce à son aide. Renée fit des études d'anglais et de lettres à la Sorbonne, mais fut atteinte d'une scoliose grave. Papa lui payait des consultations et des séjours à Berck ; en vain, car elle devint progressivement bossue. Elle travailla comme secrétaire de direction pour l'un de ses amis, industriel. Enfin, Blanche, qui avait près de dix-sept ans de moins que lui, n'avait aucun succès scolaire. On la maria à un jeune homme, à qui mon père offrit un commerce.

Pour Sophie, son aînée née en Roumanie, il n'y avait plus grand-chose à faire pour les études. Elle était déjà mariée avec un certain monsieur Cohn, fonctionnaire de son état (lequel s'apprêtait à jouer un rôle considérable dans la vie de papa, mais j'y viendrai plus tard).

Il était comme un second père pour l'ensemble des enfants Brull, un bon Samaritain qui payait les factures et les études, et arrangeait les choses en cas de problèmes. Ses frères et sœurs l'appelaient le « vieux garçon », vieux garçon avec une bonne situation, épris d'art et de littérature, dont personne n'imaginait qu'il pourrait se marier un jour, qu'il aurait une vie à lui.

En 1914, mon père avait été mobilisé dans l'artillerie. Il avait trente-quatre ans.

Il avait combattu trois ans et été blessé deux fois, mais n'en parlait jamais. Je suis presque convaincue que ma mère n'en savait pas plus que nous. En lisant des papiers après sa mort, j'ai lu la citation qu'il avait obtenue : sur le front, les Allemands les arrosaient depuis un nid de mitrailleuses, qu'il fallait localiser. Mon père avait traversé les lignes et fait prisonnier un soldat ennemi qui les avait renseignés. Le lendemain, ils avaient pu détruire ces mitrailleuses.

Pour le reste, il était muet.

Deux fois seulement, il s'est laissé aller à quelques confidences, et c'est un bien grand mot. La première fois, c'était en 1939, au moment de la déclaration de guerre.

— Quand je pense à tout ce qu'on a fait pour éviter ça, avait-il murmuré tout bas.

Il était triste mais déterminé. *Tout ce qu'il avait fait*, c'était un monde effrayant, la mort donnée et reçue, la peur et la souffrance. Tout était passé en un éclair au fond de son regard, et j'ai senti un frisson me parcourir.

La deuxième fois, c'est en 1943. Nous habitons alors à Neuilly, et les Alliés bombardent le secteur. L'appartement est minuscule, nous travaillons côte à côte, des papiers étalés sur la table devant nous dans une lumière pauvre. Les avions passent, très lointains, puis des bombes éclatent en chapelet, faisant tout vibrer, jusqu'à nos tripes. Tout tremble, même l'air, et à chaque déflagration je sursaute.

Il m'observe calmement.

— Tu sais, cocotte, il ne faut pas t'énerver comme ça. Quand tu entends arriver les obus, ça veut dire que ce n'est pas grave.

Je le regarde avec des yeux ronds.

— Pas grave ?

— Ce qui est grave, c'est quand on *ne les entend pas* arriver. Là, c'est la fin. Tu comprends ? Dans les tranchées, c'était comme ça.

La fin… Je comprends très bien, figée mais rassurée, du coup, d'entendre le sifflement glaçant des bombes. Il s'est remis à travailler.

Ce qui est certain, c'est que sa deuxième blessure avait eu des conséquences tout à fait inattendues sur son existence, et par conséquent sur la mienne.

Toute la France soutenait le front et nos poilus. Même avant les mutineries de 1917, on avait compris que le moral du soldat était essentiel, et c'est ainsi qu'étaient nées les *marraines de guerre*. Le plus souvent, il s'agissait de jeunes filles de bonne famille que l'on mettait en lien avec des combattants, leurs *filleuls de guerre*. Elles leur écrivaient et leur envoyaient des colis avec des cadeaux ou des photos. Parfois même, les marraines rencontraient leurs filleuls à l'occasion de permissions.

La nature humaine étant ce qu'elle est, il arrivait que cette correspondance entre jeunes filles et combattants esseulés prenne une tournure plus sentimentale. Le risque de mariages mal assortis était alors réel.

C'est ici que j'en viens à parler de ma mère.

Autant le grand-père Brull était un modeste ouvrier immigré du quartier Saint-Antoine, autant mon grand-père maternel, Moïse Smadja, était un homme richissime qui appartenait à la grande bourgeoisie juive séfarade de Tunis (alors que les Brull étaient ashkénazes).

Né pauvre à Oran, en Algérie, mon grand-père maternel avait fait fortune avec ses trois frères dans le commerce de blé en Tunisie. À dix-huit ans en 1917, sa fille Aïda – mais tout le monde l'appelait Idette – était élevée comme une princesse, elle faisait de la musique, du chant, avait une gouvernante allemande et fréquentait la bonne société de Tunis. Lorsqu'il avait été question qu'elle devienne marraine de guerre, le grand-père Moïse, inquiet, s'en était ouvert à un fonctionnaire de ses relations, un certain monsieur Cohn.

— Vous savez ce que c'est, lui avait-il dit. On ne sait pas sur qui elle pourrait tomber. Je ne veux pas que n'importe qui séduise Idette pour sa fortune. Et puis… nous sommes pratiquants. Je ne veux pas de non-Juif. Vous travaillez pour le ministère, vous n'auriez pas quelqu'un à me conseiller ? Quelqu'un de sérieux et de fiable, vous me comprenez, n'est-ce pas ?…

Cohn n'avait pas mis longtemps à répondre (et pour cause).

— J'ai peut-être l'homme qu'il vous faut. C'est mon beau-frère. Il est ingénieur, d'un très bon niveau. Il est capitaine d'artillerie et il est juif.

— Pratiquant ?

— Il respecte les traditions… Et c'est un homme très sérieux, il est vieux garçon. Votre fille n'a pas vingt ans, lui en a presque quarante. Il ne va pas chercher à se marier, c'est sans danger, croyez-moi.

Le vieux garçon, c'était mon père ; Cohn n'étant autre que le mari de sa sœur aînée Sophie.

Ravi d'avoir trouvé le candidat parfait – un vieux garçon ! – Moïse Smadja avait autorisé une correspondance entre mes deux futurs parents, certainement très sage, car l'un et l'autre étaient non seulement très prudes, mais aussi très éloignés géographiquement. Les Allemands se sont chargés d'accélérer les choses. En 1916, mon père, blessé pour la deuxième fois, est évacué du front. Et reçoit l'autorisation de visiter sa marraine de guerre, en Tunisie.

Si je ne doute pas de la réalité du coup de foudre entre eux deux, je n'ai jamais cru ma mère lorsqu'elle prétendait que les Smadja en étaient enchantés. Je pense au contraire qu'ils avaient rêvé pour leur princesse d'un autre mari que cet ingénieur presque quadragénaire, sérieux et cultivé, certes, doté d'une bonne situation, mais sans fortune. À tel point que Moïse prit des dispositions particulières pour que sa fille soit mariée sous le régime *dotal* : c'est-à-dire que mon père n'avait aucun droit sur l'argent de sa femme. Un notaire gérait ce patrimoine, bien mal d'ailleurs puisqu'au moment où la famille en aurait eu besoin, dans les années 1930, tout s'était mystérieusement évaporé.

À la différence d'âge entre les deux futurs époux, seize ans tout de même, s'ajoutait celle de la culture. Mon père et ma mère avaient beau être de confession juive, lui était quasiment athée, et elle, pratiquante.

Elle était séfarade, de tradition orientale, lui, ashkénaze, tradition occidentale teintée de honte et de repli sur soi.

Même du côté de mon père, il y avait eu des réticences, de la part de ses frères et surtout de sa sœur Renée ; je n'en ai jamais su la raison.

Quoi qu'il en soit, Samuel et Idette avaient surmonté tous les obstacles et s'étaient mariés en 1917. Mon père, blessé deux fois, n'était pas retourné au front. Il dirigeait pour l'armée une grosse usine métallurgique à Trignac, à côté de Saint-Nazaire[1]. C'est là qu'est née ma sœur aînée, Georgette, que nous avons toujours appelée Yoyo.

Puis la guerre s'est enfin terminée dans une allégresse amère, laissant derrière elle des champs de ruines, deux pays brisés et des armées de mutilés et d'orphelins.

Samuel et Idette sont rentrés à Paris ; c'est là que je suis venue au monde en avril 1920.

---

1. Peut-être les Forges de Trignac, qui ont fonctionné de 1890 à 1945.

3

La harpe

Mon premier souvenir sur terre, ce sont des arbres. Des arbres qui défilent devant le ciel, laissant échapper des éclats de lumière sur ma poussette. Je revois précisément cet instant, ma sœur est à mes côtés, je dois avoir deux ou trois ans. Comparée avec celles de mes grands-pères et de mon père, j'avais une vie de rêve, dans une bulle retirée du monde.

Je viens au monde dans un appartement de la rue Descombes, dans le dix-septième arrondissement de Paris, tout près de la porte Champerret. À une époque, certaines femmes accouchaient encore à la maison. Mon père travaille dans l'industrie, je ne sais exactement où ; je sais simplement qu'il s'agit de métallurgie et que cela nous offre une vie très confortable.

Il est de taille moyenne, large d'épaules. Sauf à la fin – et parce que la clandestinité l'y forçait –, il a toujours porté la barbe et la moustache et c'est ainsi qu'il est resté dans mes souvenirs. Ses cheveux ont vite blanchi, ils étaient épais et longs, si bien que ses ouvriers le surnommaient le Christ. Grand sportif, il avait beaucoup pratiqué l'équitation et l'escrime ; je me souviens aussi qu'il faisait du tennis.

C'est un homme très occupé que nous ne voyons pas beaucoup. Dans ses fonctions, je suppose qu'il devait être très sérieux et respecté, mais à la maison il plaisante sans cesse, aligne les calembours et les blagues. L'une de nos cousines, assez prétentieuse, se vantait jusqu'à plus soif d'être une grande musicienne. Ce qui lui avait inspiré un tour à sa façon : un jour, il lui a laissé entendre qu'on parlait d'elle en haut lieu, pour jouer devant des gens *très importants*.

— Des gens ? Quels gens ?

Mon père prend une mine sérieuse.

— D'après ce qu'on m'a dit, ça pourrait être l'Élysée. Mais ne le répétez pas.

La cousine est devenue toute pâle.

— L'Élysée… mais alors…

Mon père se taisait, comme s'il craignait d'éventer un secret d'État. L'imagination de la cousine et sa vanité avaient fait le reste. Pendant des semaines, elle avait attendu un appel du président de la République. Régulièrement, elle s'inquiétait de son silence auprès de mon père, qui fronçait alors les sourcils d'un air préoccupé.

— Je ne comprends pas… C'est pourtant ce que j'ai entendu… Patientez, ça va certainement venir.

Mais, bien sûr, personne n'a jamais appelé. Nous avons beaucoup ri avec ça.

Ma mère, c'est un autre genre. Je l'admire énormément. C'est une très belle femme, assez grande, brune, toujours très élégante. Mes parents sortaient deux soirs par mois à l'opéra ou à l'opéra-comique. Je la revois entrer dans ma chambre pour m'embrasser, revêtue d'une robe entièrement en perles dorées. Dans la demi-pénombre, la lampe lance ses reflets, et j'ai l'impression, moi, petite fille, de contempler une déesse sortant de l'onde.

Elle m'embrasse, puis elle sort.

— Maman, c'est la plus belle femme du monde, dis-je alors.

Yoyo, ma grande sœur, rigole dans l'ombre. Avec ses dix-huit mois de plus que moi, elle est ma quasi-jumelle, mais voit déjà les choses avec plus de distance.

— Que tu es ridicule, ma pauvre Colette !

À part ça, Yoyo et moi nous nous entendons à merveille – le temps et nos destins bien différents n'y ont jamais rien changé. D'une certaine façon, nous nous méfions de maman, non qu'elle soit méchante, mais elle a tendance à s'emporter très vite et très fort, manifestation peut-être de ses origines méditerranéennes.

Elle crie facilement, à la moindre contrariété.

Quand cela arrive, mon père tente de désamorcer l'affaire en la taquinant.

— Attention, sourit-il derrière sa barbe, ne fais pas encore ta *terreur Champerret*.

Parfois, ça marche et elle se calme. D'autres fois, elle crie encore plus fort.

Très collet monté, maman n'a jamais voulu que nous fréquentions l'école publique. Même s'il devait sa réussite aux écoles de la République, mon père ne s'y était pas opposé, sans doute pour lui faire plaisir, ou tout simplement ne pas la contrarier.

La personne à qui je dois mon instruction ne fut donc pas un professeur, mais miss Henderson, une gouvernante anglaise que je rencontre à quatre ans. Elle vient tout droit d'Oxford, où ma tante Renée (la bossue) avait étudié. Son emploi de gouvernante d'enfants venait de prendre fin, elle cherchait un nouveau poste et c'est ainsi que mon père l'avait prise à son service.

Miss Henderson est une personne austère, vieille fille d'origine modeste, mais élevée avec tous les principes rigoristes de l'Angleterre victorienne : il y a d'un côté le bien et, de l'autre, le mal, d'un côté ce qui se fait et, de l'autre, ne se fait pas. La parole d'honneur est sacrée. On ne dénonce pas ses amis.

Sa culture est immense, elle connaît parfaitement l'histoire de son pays. Elle nous abreuve de récits réels ou imaginaires, Robin des bois ou la légende d'Arthur, la guerre de Cent Ans ou la vie de la reine Victoria. Le tout dans la langue de Shakespeare, si bien que je parle couramment anglais dès l'âge de cinq ans.

C'est elle qui insiste auprès de mes parents pour que nous sachions lire et écrire, surtout ma sœur qui va sur ses six ans. Mon père nous trouve donc un professeur de français, une certaine madame Leveau (le nom l'a fait beaucoup rire, donnant lieu à d'interminables jeux de mots), et nous voilà parties toutes les trois vers son appartement, par l'autobus ligne sept.

Miss Henderson nous fait asseoir à l'intérieur, et les rues défilent, ces immeubles parisiens qui sont le décor de ma vie. Moi qui suis toujours gaie sur la route, je boude avec ostentation. Non seulement je me suis fait encore gronder parce que je suis mal fagotée, mais en plus j'ai appris que je n'aurais pas droit aux leçons de madame Leveau : soi-disant que je suis trop petite.

À tort ou à raison, j'ai souvent l'impression que ma mère s'occupe surtout de Yoyo, qu'elle est sa préférée. C'est vrai qu'elles se ressemblent : Yoyo a les mêmes traits fins, elle est toujours impeccable. Moi, je suis petite et ronde, perpétuellement souillon et gaffeuse, toujours habillée de travers.

Miss Henderson semble aussi remarquer cette différence de traitement, elle s'en inquiète et s'en agace, mais ne peut rien, bien sûr. Dès que nous sommes avec elle, elle fait tout pour la corriger.

Le bus s'arrête pour faire monter quelques passagers, puis redémarre au coup de cloche.

— Il ne faut pas donner trop d'importance aux apparences, déclare soudain miss Henderson en regardant les nouveaux venus qui s'assoient. Ce n'est pas ça, le plus important.

Une dame imposante se laisse tomber avec un soupir aussi gros qu'elle. J'écoute, un peu surprise, parce que je ne suis pas rancunière et que j'ai déjà oublié les remarques de maman.

— Et qu'est-ce qui compte alors ?

— Ce qui compte, les enfants, c'est d'être poli et de travailler. Et de faire ce qui est bien dans la vie. Vous comprenez ?

— Oui. Mais faire ce qui est bien, c'est quoi ?

— Faire ce qui est bien, c'est aider les autres et ne pas leur faire ce qu'on ne voudrait pas qu'on nous fasse, à nous. C'est être gentil avec les autres.

Nous nous regardons sans mot dire. Toujours, nous buvons ses paroles, elle a l'air si convaincue et, du coup, nous sommes aussi convaincues qu'elle. Il est impossible qu'elle nous mente.

— Tu vois, Colette, les apparences, ça ne compte pas. Si tu n'es pas bien habillée, ce n'est pas grave. Ce qui compte, c'est que tu es une gentille petite fille et que tu es toujours contente de ce qu'on fait. C'est agréable pour tout le monde, et c'est ça faire le bien. Tu comprends ?

— Et moi, je ne suis pas gentille ? s'insurge Yoyo.

— Mais bien sûr que tu es gentille, reprend miss Henderson, du coup un peu confuse. Allez, on est arrivées.

Et nous grimpons les étages pour découvrir cette fameuse madame Leveau.

Son appartement me paraît grand et propre. Une table de travail trône dans sa salle à manger à côté d'un magnifique poêle Mirus[1] en faïence colorée comme on en trouvait alors dans la plupart des logements parisiens. Yoyo s'installe à la table, moi par terre sur le tapis, comme un bébé, bien que j'aie presque cinq ans déjà. Pour m'occuper, la maîtresse de maison m'a donné des crayons et du papier.

Tout en gribouillant, je l'entends commencer la leçon. L'alphabet d'abord.

— B et A, ça fait quoi ? demande madame Leveau à ma sœur.

— BA !

C'est moi qui ai répondu, d'une voix claire et joyeuse. Le visage de madame Leveau se plisse, elle

1. Marque de poêle en fonte émaillée assez réputée dans les années 1920 en France.

se penche vers moi, puis se retourne vers Yoyo pour enchaîner :

— Et B et E, ça fait quoi ?

— BE !

Encore moi qui réponds, plus rapide que mon ombre. Je tiens ma revanche : je ne suis peut-être pas douée pour l'élégance, eh bien, je le serai pour l'école. Enfin, ce qui nous tient lieu d'école. Grâce à miss Henderson, qui a plaidé ma cause, j'ai pu quitter mon tapis et mes crayons de couleurs pour m'asseoir à la table du salon de madame Leveau pour les leçons suivantes.

Mais je suppose que je devais encore lui en vouloir un peu de m'avoir assise sur son tapis, comme un bébé, et je me venge quelques jours plus tard. Un après-midi, alors qu'elle parle de son mari à miss Henderson, je m'immisce soudain dans la conversation :

— Votre mari, c'est pas monsieur Leveau.

Madame Leveau me regarde sans comprendre, et miss Henderson aussi, plus contrariée, car elle devine que je ne vais pas m'en tenir là.

— Alors, qui est-ce, d'après toi ?

— Mon papa dit que votre mari, c'est monsieur Lebœuf.

Encore une blague stupide de mon père, que je ne faisais que répéter, et qui ne fait pas du tout rire mon professeur. Interloquée, elle est toute rouge, et miss Henderson exige des excuses d'une voix coupante comme l'acier.

Madame Leveau n'étant pas rancunière, les leçons ont continué. En un rien de temps, j'apprends à lire et je passe désormais l'essentiel de mon temps plongée dans des livres, n'importe lesquels.

Une fois que je suis immergée, rien ne peut m'en faire sortir. Un jour, à la campagne, je me souviens d'avoir eu horriblement faim.

Je referme mon roman en cours pour me rendre à la cuisine.

— Ben, alors, on mange pas ?

— Tout le monde a déjà mangé, Colette, tu as vu l'heure ? me répond ma mère, agacée.

Il était quatre heures de l'après-midi.

— On t'a appelée, mais tu devais être dans ton livre, je suppose. Alors, on t'a laissée.

Cette passion grandissante a fini par devenir un objet de querelle entre nous, venant bientôt contrarier les ambitions secrètes que maman nourrissait pour moi.

Follement passionnée de musique, elle avait en effet une voix magnifique, une voix de cantatrice qui lui aurait sans doute permis de faire carrière si elle l'avait vraiment voulu. Des années plus tard, mon père m'a raconté qu'elle avait fait une audition chez un grand professeur à Paris.

— Votre épouse a une voix tout à fait exceptionnelle, lui avait expliqué ce dernier après un essai. En plus, elle a été bien instruite et elle n'a pas de défauts. Il faut qu'elle travaille pendant trois ans avec moi, ensuite, je lui garantis une carrière extraordinaire.

Ce maître avait formé nombre de cantatrices et chanteurs célèbres, ce n'était pas un charlatan. Mais jamais ma mère n'a suivi ses cours. À ce moment-là, elle était enceinte de moi, et je crois aussi qu'elle n'avait pas voulu abandonner sa vie mondaine, ses sorties, le confort d'une vie bien réglée.

De ce renoncement lui restaient un remords, une frustration : elle n'avait pas pu devenir une grande artiste. Ses deux filles le seraient donc à sa place.

— Qu'est-ce que vous voulez faire plus tard ? nous avait-elle demandé un jour.

Ni Yoyo ni moi n'avions de réponse.

— Voilà, je vous donne le choix, avait-elle repris. Soit vous faites de la musique et je ferai tout pour que vous deveniez de grandes artistes, soit vous allez à l'école communale, comme la petite-fille de la concierge.

Cette dernière est la seule personne de notre connaissance à fréquenter cette mystérieuse *école communale*. Ce qui nous en donne une bien piètre idée : c'est une gosse sale et mal habillée que nous regardons de très haut, nous les filles des bourgeois.

Chaque matin, elle se rend à l'école la morve au nez, traînant son lourd cartable. Est-ce que tous les élèves lui ressemblent ? Est-ce une sorte de prison pour enfants ? J'imagine un endroit crasseux rempli de petits insolents, qui vont salir mes habits que j'ai déjà tant de mal à garder propres. Et j'imagine les remontrances de ma mère quand je rentrerai le soir.

— Je veux devenir une grande artiste ! s'exclame Yoyo.

Moi aussi, je hoche la tête avec conviction.

Plus tard, j'ai souvent reproché cet épisode à ma mère.

— Mais tu *voulais* faire de la musique, me répondait-elle alors. Je t'ai demandé et tu as choisi.

Je rétorquais que je n'avais pas eu le choix et que nous ne savions pas à quoi nous renoncions. Yoyo était de mon avis, quoiqu'un peu moins sévère avec maman.

Alors que j'ai six ans, nous emménageons dans un très grand appartement, avenue de Villiers, dans le dix-septième arrondissement. C'est que nos occupations musicales sont grandes consommatrices d'espace : ma mère s'entraîne tous les jours au chant et à la musique sur un piano à queue, ma sœur à son propre piano, et moi, on m'a mise à la harpe.

J'y suis pour ainsi dire enchaînée, un forçat du solfège et des gammes.

Cet encombrant instrument n'était absolument pas mon choix, mais celui d'une certaine madame Rousseau, épouse d'un compositeur très connu, à l'époque, dont je suivais (avec bien des réticences) les cours particuliers de piano. Mes résultats au clavier étaient d'autant plus médiocres que je n'avais aucune envie de m'y mettre.

Madame Rousseau s'en était ouverte à ma mère.

— Madame Brull, le piano, c'est terriblement encombré. Colette ne réussira jamais.

— Même si elle travaille ?

— Elle est trop paresseuse. Je pense qu'il faut la mettre à un instrument… disons, moins encombré. Elle aura plus de chance.

— Moins encombré… Et vous pensez à quoi ?

— La harpe. Je connais un très bon professeur.

La harpe n'était pas *encombrée*, et pour cause : cet instrument est horriblement plus difficile que le piano, un monument doté de 48 cordes et de 21 pédales.

J'étais donc devenue harpiste à mon corps défendant. Mon nouveau professeur s'appelait madame Benda. Elle jouait admirablement, et je me rendais chez elle une fois par semaine. La malchance me poursuivait, car elle avait immédiatement remarqué la perfection de ma morphologie : pour bien jouer, il faut des doigts épais et musclés. J'avais été un gros bébé, et à six ans j'ai des doigts épais et musclés. Pas de chance.

Ainsi, j'ai beau m'acharner à ne rien faire, le son que je tire de ma harpe reste apparemment magnifique.

— Elle ne travaille pas, se lamentait ma mère.

— C'est vrai qu'elle ne travaille pas beaucoup, lui répondait madame Benda, mais elle a un son superbe. Si elle travaillait un peu, ça serait extraordinaire !

Pour que ça devienne extraordinaire, on me pousse impitoyablement. Chaque jour, j'ai l'obligation de tirer sur les cordes de ma harpe pendant six heures et je dois aussi apprendre le solfège (Yoyo est au même régime, mais avec le piano). J'imagine qu'à ce compte, les voisins ont dû être contents quand nous avons fini par déménager.

En réalité, je triche tant que je peux grâce à une petite installation personnelle : un livre ouvert posé sur un tabouret ; j'en tourne les pages tout en exécutant vaguement mes exercices. De loin, ça passe plus ou moins, mais ma petite ruse finit par être découverte.

Avertie, madame Benda paraît accablée. Non seulement la harpe est privée d'une future grande interprète, mais en plus, elle perd un élève.

— Il faut lui interdire de lire, décrète-t-elle. Elle sera contrainte de faire ses gammes.

— L'empêcher de lire ? Mais elle adore ça !

— Très bien ! Tant qu'elle n'a pas fait son travail, interdisez-lui de lire ! Elle sera bien forcée de s'y mettre.

De retour à la maison, je suis effondrée. Comment survivre à six heures de gammes et une heure de solfège par jour sans le secours d'un bouquin ? Une vie de torture se présente à moi. Pour que les choses soient bien claires, ma mère a fermé à clé le meuble où l'on range mes livres.

Quelques jours plus tard, mon père vient me voir et me regarde d'un air à la fois solennel et mystérieux.

— Il paraît que tu n'as plus le droit de lire ?

Je hoche la tête. Bientôt, les larmes sont là, grosses et tremblantes, toutes chaudes sur mes joues. Mais je serre les dents.

— Tu n'as pas le droit de lire les livres de *ta* bibliothèque. Mais tu peux toujours prendre les miens, si tu veux.

Je ne réponds rien, très étonnée : sa bibliothèque personnelle est remplie d'ouvrages très savants, rien qui puisse intéresser une petite fille de sept ans. Mais ma rage de bouquiner est plus forte – tout comme mon esprit de contradiction. J'ai séché mes larmes, et les bras de papa se sont refermés sur moi, forts et solides.

À présent, je dévore donc des sommes de paléontologie, de géologie, des ouvrages de mathématiques et d'astronomie auxquels je ne comprends parfois presque rien. Je lis tout Molière, tout Racine, Corneille, les fables de Florian, des livres de philosophie de

Volnay[1]. Et je garde en tête mes lectures anglaises, de Dickens à Shakespeare dans le texte, me transformant peu à peu en une encyclopédie vivante.

J'ignore évidemment que tout cela me resservira quelques années plus tard.

Prisonnière de mes arpèges et de mes gammes, je vis coupée du monde. Au début des années 1930, alors que le monde est au bord du volcan, je ne sais rien des menaces qui pèsent sur nous, j'ignore même que je suis juive, du moins, j'ignore les implications que cela peut avoir.

Même l'essentiel m'échappe, dans une vie familiale où règnent le silence et les secrets.

Ainsi, en 1925, Yoyo et moi passons l'été en Angleterre, dans le Sussex, où nous faisons la connaissance de la famille de miss Henderson. Son père, un ancien cheminot, a installé dans son jardin un wagon de chemin de fer qui sert de cabanon. De retour en France, une drôle de surprise nous attend : Maurice, un petit frère. Les parents ne nous avaient rien dit. Nous l'avons examiné comme un objet étrange, mais je me souviens d'avoir été infiniment curieuse de lui. Je l'ai tout de suite aimé, le regardant grandir comme on découvre un nouveau monde.

Le culte du secret touche jusqu'au métier de mon père, dont je ne sais presque rien, sinon qu'il occupe un poste important – plus tard, j'ai appris qu'il dirigeait des usines de métallurgie appartenant à une

---

1. Philosophe et orientaliste français de la fin du dix-huitième siècle.

famille richissime mais antisémite, si bien qu'il n'avait pas accès à certaines responsabilités. Alors que j'ai huit ans, j'apprends qu'il a trouvé une nouvelle place dans une entreprise plus importante.

Depuis quelque temps, maman s'énerve plus facilement. Peut-être est-ce à cause de l'arrivée de Maurice ? Peut-être aussi parce que je ne travaille décidément pas cette harpe dont je suis devenue l'esclave. À treize ans, je suis presque une jeune fille, mais la comparaison entre moi et Yoyo n'est toujours pas à mon avantage. Alors qu'elle est toujours plus élégante et plus fine, je reste la petite brune boulotte et maladroite, toujours aussi indifférente à mon apparence et toujours plongée dans mes livres dès que j'en ai l'occasion. Parfois, je surprends des éclats de conversations :

— Ah oui, l'aînée, elle est jolie, hein ? Mais alors, la petite… C'est dommage…

Un été, nous partons en Italie. C'est alors que Yoyo – malgré nos différences, nous restons toujours aussi complices, presque deux jumelles – me fait part d'une curiosité.

— Tu as vu maman ? me dit-elle. Je suis sûr qu'il va y avoir un bébé.

— Penses-tu, ai-je répondu dans ma grande naïveté.

— Mais si, regarde son ventre !

Il se pourrait bien qu'elle ait raison : je m'aperçois soudain que la silhouette de maman s'est étonnamment arrondie. Dire que depuis je suis devenue pédiatre ! Yoyo a beau avoir presque quinze ans, et moi, treize, nous avons beau être des femmes, jamais ma mère ne nous a parlé de ces choses-là.

Les soupçons de Yoyo se renforcent à la douane, au retour, lorsqu'une employée découvre de la layette neuve dans la valise parentale. Elle l'exhibe comme un trophée devant ma mère furieuse.

— Je croyais que vous n'aviez rien à déclarer. Et ça, alors ?

— Je ne peux pas vous expliquer, rétorque maman en la fusillant du regard.

En même temps, elle lui fait comprendre par des coups d'œil dans notre direction que tout ne peut pas être dit, qu'il y a là des secrets importants. La fonctionnaire finit par rougir en comprenant son impair.

— Oh ! Pardon, je comprends…

Refermant la valise, elle nous fait signe d'avancer, mais cette fois nous sommes sûres de notre coup.

Bijou, ma petite sœur, arrive au monde en 1933.

Nouvel émerveillement. Entre deux cours de harpe ou de solfège, je l'observe avec attention. Je devine dans nos regards des conversations muettes, j'aime la voir prendre son biberon, et bientôt ma mère me la confie sans appréhension. Elle est toute ronde, la peau délicieusement douce et potelée, deux grands yeux remplis d'interrogations et de rires. J'aime qu'elle me prenne l'index, qu'elle le serre de toutes ses forces comme pour me parler. Bientôt, je guette ses premiers mots comme si j'étais sa mère, je l'observe quand elle se redresse et qu'elle s'assoit, qu'elle roule sur le côté, souffle et se bagarre pour essayer de saisir les jouets que je lui tends.

Alors qu'elle marche à peine, nous partons l'été suivant dans une maisonnette que nos parents possèdent à Langrunes-sur-Mer, dans le Calvados. Pour quelque temps, je suis tranquille : plus de harpe pour me torturer, plus de piano, plus de solfège (presque plus en tout cas), uniquement des livres qui m'emportent, loin du ciel pur de Normandie, loin de la plage et des dunes.

Mais à la maison quelque chose ne va pas. Cela ne vient ni de moi, ni de Yoyo, ni de Maurice ou de Bijou. J'ai surpris des conversations graves et je vois que mon père n'a plus la blague aussi facile. Plus inquiétant encore, maman s'énerve très peu contre nous. Comme si elle voulait nous préserver ou que ses préoccupations étaient vraiment trop importantes. Quelques jours passent avant que nos parents ne convoquent toute la famille.

Leurs visages sont graves, ils se tiennent l'un près de l'autre, face à nous quatre. Par la fenêtre, je vois le ciel se teinter peu à peu de bleu sombre.

— Les enfants, dit mon père, je dois vous parler de quelque chose d'important. Il y a eu une crise très grave, aux États-Unis. Une crise économique, ça veut dire que beaucoup de gens ont fait faillite à cause de la Bourse.

— Fait quoi ? demande Yoyo.

— Faillite. Ça veut dire qu'ils ont perdu tout leur argent. Tout ce qu'ils ont ne vaut plus rien. Vous savez aussi que l'entreprise pour laquelle je travaille dépend des États-Unis, n'est-ce pas ?

J'échange un coup d'œil en coin avec Yoyo. Grâce à tous les livres que j'ai dévorés, je sais bien où sont les États-Unis : en Amérique du Nord. Mais les autres mots. Crise, krach, Bourse… c'est tout de même assez mystérieux.

— Vous savez que je travaille dans une usine avec des ouvriers, n'est-ce pas ? Normalement, je reçois de l'argent de mes patrons pour les payer. Mais à cause de la crise, je n'ai plus reçu d'argent. Et comme je devais les payer quand même, je les ai payés avec mon argent, mon argent à moi, vous comprenez ?

Il soupire, cherchant un peu d'encouragement dans le regard de maman. Puis nous considère à nouveau.

— J'ai payé pendant un an. Maintenant, je n'ai plus rien.

— Pour payer les ouvriers ?

— Oui. Et je n'ai plus rien, pour moi non plus. Nous n'avons plus rien. Nous avons perdu notre appartement, avenue de Villiers.

Yoyo et moi nous regardons, abasourdies, incapables de la moindre réaction. Le ciel nous tombe sur la tête.

— Perdu ? Mais qu'est-ce que ça veut dire ?

— Normalement, je dois payer un peu d'argent tous les mois, ça s'appelle un loyer. Et je n'ai pas payé ce loyer depuis très longtemps.

— À cause des ouvriers.

— C'est ça.

— Et ça fait combien de temps ?

Ma mère s'est redressée, piquée au vif, comme si la question lui faisait mal, physiquement.

— Voyons, Colette ! Qu'est-ce que ça peut te faire ?

— Mais si, elle doit savoir, soupire mon père. Ça fait un an. Voilà. Et l'appartement a été saisi, c'est-à-dire que nous ne pouvons plus y habiter.

— On va rester ici, alors ? Et pour les leçons de musique ?

— Non, on ne reste pas ici. J'ai écrit à votre grand-mère, à Tunis. Je suis sûr qu'elle va bien vouloir vous héberger, vous quatre et maman. Les leçons, on verra plus tard.

Plus de leçons de musique. C'est une nouvelle énorme, mais je ne la relève même pas.

— Nous quatre… Mais… et toi ?

— Moi, je reste à Paris. Il faut que je trouve un autre travail.

— Et nous, on part à Tunis tous les quatre ?

Mon père me le confirme d'un hochement de tête, avalant sa salive.

Le silence dure, on entend des mouettes, très lointaines, le ronflement assourdi de la mer contre le sable. Il nous explique, la voix monocorde, que ce n'est pas si grave, qu'il trouvera bien un moyen de gagner sa vie. Il a un métier, des relations, ça ira, ça ne durera pas toujours, bientôt la famille se retrouvera. Et Tunis, ce n'est pas si loin, n'est-ce pas ? On se reverra pour les vacances…

Je sens ma gorge se serrer. Il va falloir quitter Paris pour ce pays qui n'est pas le mien, se séparer. Je ne veux pas, mais je sens que je n'y peux rien, que les choses sont plus fortes que moi, cruelles, irrémédiables.

Mon univers de petite fille riche vient de voler en éclats.

4

Bijou

La Tunisie me semble une terre étrangère. Sa capitale est coupée en deux entre la partie européenne (celle où vit ma famille côté maternel) et le reste. Y arrivant, j'ai été horrifiée par la présence dans les rues d'enfants errants, sales et miséreux. Depuis ma fenêtre, j'en vois certains passer la nuit dehors, mais personne ne semble s'en offusquer.

Malgré notre situation délicate, les Smadja se sont montrés chaleureux. Un oncle nous loge dans l'un de ses appartements, à quelques encablures du reste de la famille, qui occupe plusieurs logements dans un même immeuble ; la grand-mère au premier étage, ma tante Yvonne (la sœur de ma mère) au deuxième.

Seule cette dernière nous a réservé un accueil désagréable, comme si nous lui faisions un peu honte et qu'elle reprenait à son compte les réticences de Moïse, le grand-père entre-temps décédé. Notre arrivée piteuse lui confirme peut-être ce qu'il pensait : Samuel Brull, né roumain et naturalisé, ashkénaze par-dessus le marché, n'est qu'un bon à rien, incapable d'assurer une vie décente à son épouse et à ses quatre enfants.

Je n'apprécie guère cette femme, qui me le rend bien. Elle est mariée à un médecin généraliste dont je me souviens d'avoir découvert le cabinet avec curiosité : une salle d'attente, avec le tout-venant, puis le bureau de mon oncle. Les gens arrivent anxieux, ils repartent rassurés. Tout cela m'impressionne, se grave dans mon esprit malgré moi.

Bientôt, maman reprend son existence mondaine d'autrefois, mais nous, les enfants, en sommes exclus.

Moi, je m'habitue lentement à ce nouveau monde, un peu comme en exil. Tout est si différent. La nourriture, les expressions, les manières et les habitudes. Papa a envoyé ma harpe par bateau et, pendant quelque temps, j'ai cru que le conservatoire me rattrapait, avec les heures de gammes, le solfège, toutes ces choses que je n'aime pas. Mais ma mère a changé. Elle, autrefois tellement intransigeante, me laisse tranquille comme si ma résistance avait définitivement eu raison de ses ambitions me concernant. La harpe prend la poussière dans un coin de ma chambre et je n'y touche plus. Elle le sait, mais ne me dit rien.

De son côté, Yoyo s'est tout de suite acclimatée ; on lui a trouvé un travail au conservatoire : elle donne des cours de solfège et surveille les répétitions de piano. Elle commence à se faire des amies, mais moi, je ne connais personne, je ne fais rien.

Je tourne en rond.

Le plus clair de mon temps, je le passe à m'occuper de Bijou, ma petite sœur qui a alors deux ans, et j'en ai presque treize de plus. Ma vie n'est pas triste, bien au contraire. Bijou est fragile, je la lave, je l'habille, je lui donne son biberon, c'est une vraie passion : j'aime de plus en plus la regarder vivre et grandir, j'aime essayer de comprendre ce qui ne va pas quand elle pleure, de savoir si elle a faim ou pas. Elle est devant moi le mystère même de la vie, un beau mystère que je sens insondable et infini. Mon amour des enfants, mon envie de les aider et de les soigner sont nés à ce moment-là, et ne m'ont jamais quittée un instant. C'était la même chose pendant la guerre, quand il avait fallu arracher des enfants à la barbarie, la même chose quand plus tard je suis devenue pédiatre.

Ma vocation de médecin est arrivée d'un coup.

Est-ce à cause de ma petite sœur Bijou ? De cet oncle docteur dont j'ai découvert la salle d'attente, le cabinet si propre, avec ses instruments et ses gros dictionnaires de médicaments ? Est-ce à la suite de ce stage à l'hôpital à Tunis ? Je ne sais pas.

Un jour, une cousine m'a en effet proposé de suivre avec elle une formation qu'organise la Croix-Rouge, dans un établissement de la ville. Il s'agit d'apprendre à faire des pansements et d'autres petits soins.

C'est mon premier contact avec l'hôpital, et je comprends immédiatement que ce métier est pour moi. En rentrant, ma décision est prise, sans retour. Du haut de mes quatorze ans, moi, si discrète d'ordinaire, toujours prête à obéir, petite jeune fille sans histoires, j'affirme que je serai médecin.

Je revois la figure stupéfaite de ma mère :

— Tu veux dire que tu veux travailler à l'hôpital ? Comme infirmière ?

— Non, pas comme infirmière. Comme pédiatre.

Son étonnement monte d'un cran, mais, à mon grand soulagement, elle ne paraît pas fâchée.

— Soigner des enfants… Mais enfin, Colette, qu'est-ce qui t'arrive ? Tu n'y penses pas ? Tu n'es jamais allée à l'école. Encore, infirmière, pourquoi pas ? Mais médecin… Pédiatre en plus…

Ma décision est inébranlable. À l'hôpital, je me suis sentie chez moi, j'ai aimé les blouses blanches, les lits et les instruments bien rangés, le bruit des talons sur le carrelage blanc, l'odeur de l'éther, des produits médicaux. J'ai tout aimé. Je vais servir à quelque chose, à quelqu'un. Je soignerai d'autres enfants qui ressemblent à Bijou.

— Je veux travailler dans un dispensaire, en Afrique. Ils ont besoin de médecins là-bas.

Le moins qu'on puisse dire, c'est que ma résolution a créé la surprise.

— Mais enfin, Colette, s'étonne ma grand-mère. C'est très bien de vouloir soigner les petits Noirs, mais tu sais bien qu'il faut le baccalauréat pour être médecin !

À cette époque, le bac était réservé à une petite élite, à peine un enfant sur dix. Et les filles étaient largement minoritaires. Autant dire que mes chances de réussite sont minces.

— Je sais. Ben, j'aurai mon bac !

— Tu ne *peux pas* avoir le bac. Tu as quatorze ans et tu n'es jamais allée au lycée ! Comment vas-tu faire ?

Je m'obstine, la tante Yvonne aussi s'y met. Elle lâche ses coups, perfide :

— Alors, il paraît que tu veux passer le bac ?

— Oui. Je veux être médecin.

Elle lève les yeux au plafond, entre désolation et commisération.

— Penses-tu. Élevée *comme ça*, mais est-ce que tu te rends compte que tu es nulle, ma pauvre fille ? Tu ne peux pas, tu ne sais rien.

— Je sais des choses. Et j'apprendrai au lycée.

— Au lycée…

Et ainsi de suite.

Alors, j'envoie une lettre à mon père. Depuis notre séparation, il écrit chaque semaine à chacun d'entre nous, Yoyo, Maurice et moi.

Répondant rapidement à mon courrier, il m'encourage : depuis sa ruine, il a changé d'avis au sujet de mon éducation. Ses filles doivent faire des études, comme les garçons. Si je veux devenir médecin, si j'en ai les capacités, il m'aidera, de toutes ses forces. Cette évidence me remplit d'ardeur. Même depuis l'autre côté de la Méditerranée, je sens son regard sur moi, sa foi en moi qui m'a toujours portée depuis.

Et puis il y a autre chose, disons-le.

Voilà maintenant quatorze ans que je suis la petite brune rigolote, gaffeuse, toujours mal fagotée, pas très bonne en sport, encore moins à la harpe.

— Ah ! si seulement elle voulait !

Toujours cachée derrière Yoyo. Pendant des années, maman nous a habillées de la même façon, ma grande sœur et moi. Des jumelles, avec d'un côté le modèle parfait et, de l'autre, moi, la copie un peu ratée. Colette la paresseuse et la rêveuse, le nez dans ses bouquins, les chemisiers toujours tachés. Un miracle que nous nous soyons toujours aussi bien entendues, toutes les deux.

Il a fallu une révolte de mon aînée pour que maman cesse de nous faire porter des tenues identiques. Un geste de défense de Yoyo en ma faveur, peu après notre arrivée à Tunis :

— Mais enfin, maman, pourquoi tu nous achètes toujours les mêmes vêtements ? Colette n'a pas la même taille, tu vois très bien que ça ne lui va pas.

— Mais…

Ma mère, interdite, n'en avait pas dit plus. Décidément, notre exil africain a changé bien des choses : nous nous sommes rapprochés de l'essentiel, de ce que nous sommes vraiment. Et moi, même avec ma propre garde-robe, maintenant, j'entends toujours la petite phrase :

— Ah oui, l'aînée, elle est jolie, hein ? Mais alors, la petite… C'est dommage…

Aujourd'hui, ça continue. Yoyo travaille, elle est sérieuse, elle a des amis, elle commence même à gagner sa vie. Et moi ? Rien. Je ne me trouve pas jolie, j'ai l'impression qu'on ne m'apprécie pas. On dit que je suis paresseuse.

Alors, oui, je serai médecin.

Je ferai des études, aussi dures soient-elles.

Et je les réussirai, c'est une promesse que je me fais à quinze ans.

— Alors, jeune fille, vous n'êtes jamais allée au lycée ?

Je confirme. Mon père m'a trouvé une vieille dame,

professeur à la retraite, qui a pour mission d'évaluer mon niveau. Elle m'examine comme un objet rare.

— Bon, on va faire une rédaction. Vous allez prendre cette feuille et me raconter vos vacances.

Mais je trouve cette idée stupide.

— Mes vacances ? Je n'ai rien à dire sur mes vacances. On ne peut pas faire une vraie rédaction ?

Je viens de marquer un point : je ne suis pas assez sotte pour confondre une composition française digne de la communale, et un vrai devoir de français. La vieille dame, un peu surprise, me donne donc un texte classique à commenter. À la lecture, une bonne heure plus tard, elle repose le papier et me regarde droit dans les yeux.

— C'est très bien, mademoiselle.

Ce doit être, je suppose, le maximum de compliments qu'elle est capable de faire. Elle écrit sur-le-champ à mon père pour lui expliquer que je suis exceptionnellement douée et qu'il faut absolument me pousser.

En tête, j'ai des masses de lectures et de connaissances accumulées : Dickens, Shakespeare, Molière, les philosophes, l'astronomie, les mathématiques, tous ces ouvrages savants qui ressortent d'un coup, en français ou en anglais impeccable…

J'entame mes études à vitesse grand V. Grâce à mes cours particuliers de français, d'italien et de maths, j'intègre bientôt le lycée (déjouant les sinistres prédictions de la tante Yvonne). D'un coup, ma vie s'illumine, je me sens revivre. Chaque jour, je découvre de nouveaux livres, les leçons et les cours, les devoirs sur table et les avis des professeurs. J'aime l'odeur du papier et de l'encre, j'aime la grande cour, les fenêtres et l'ombre sous les platanes, j'aime découvrir des jeunes gens de mon âge, dont certains deviennent des amis.

Un paradis.

Le midi, je déjeune chez ma grand-mère, puis je rentre à la maison pour m'occuper de Bijou, dont la santé est toujours aussi délicate. Il faut surveiller son alimentation. Elle adore les histoires que je lui raconte, et j'en profite pour la forcer à manger : une bouchée, un bout d'histoire. Même à mes propres enfants, je n'en ai pas raconté autant !

Entre deux révisions, je la promène. À la longue, les voisins s'habituent à nous voir passer, nous les deux sœurs. Colette, quinze ans, promenant en poussette Bijou, sa petite sœur de deux ans. Je lui parle et la dévisage continuellement, elle est une partie de moi, je suis sa petite maman. Parfois, je retrouve Lucette, une amie qui a un petit frère de l'âge de Bijou. Pendant les vacances, nous nous retrouvons tous les quatre et nous passons l'après-midi ensemble.

Je travaille beaucoup pour rattraper mon retard. Pas question que j'échoue au bac. J'ai lu quelque part que les enfants en Afrique noire sont malheureux, qu'ils souffrent de paludisme, de maladie du sommeil, d'encéphalite. Sur certains illustrés, on voit des hommes en blanc accueillant des files de gosses à demi nus, leur apportant les vaccins et la santé, dessins horriblement paternalistes et complaisants, mais qui sont alors monnaie courante.

Il n'y a pas que les illustrés.

Depuis que je vais au lycée, je découvre la vie et le monde tels qu'ils sont, les titres des journaux dans les kiosques, lorsque je passe le matin. Et ce n'est pas très enthousiasmant. Cette fameuse crise économique qui nous avait mis sur la paille n'est qu'un avant-goût de ce que nous allons connaître, je m'en rends vite compte grâce à mes nouveaux amis. La Tunisie, c'est un bout de la France, et la catastrophe annoncée bruisse, ici aussi.

Plusieurs fois, mon père s'en était fait l'écho quand nous habitions encore avenue de Villiers. Il se passait quelque chose en Allemagne, quelque chose de grave qui concernait les Juifs. Mais à ce moment-là, tout ça me passait très au-dessus de la tête.

À Tunis, c'est différent. Mes nouveaux amis appartiennent aux éclaireurs et éclaireuses israélites de France. Ils me parlent d'Hitler et des nazis, du risque que ces derniers représentent pour nous, les Juifs. Dans notre groupe, certains sont sionistes ; ils disent que nous devrions tous partir en Palestine pour y fonder un État.

— Il y a déjà des colonies là-bas. On appelle ça les kibboutz ; les femmes et les hommes travaillent pareil. La terre appartient à tout le monde. Et là-bas, on nous fichera la paix.

— Tu veux qu'on cultive des pois chiches et qu'on traie les vaches ? C'est ça, l'avenir des Juifs ?

— L'avenir, c'est un État d'Israël. On ne veut plus de pogromes, plus d'Hitler, plus de massacres. Un État rien que pour nous. *L'An prochain à Jérusalem*, ça te dit rien ?

— Ça fait trois mille ans qu'on attend. On peut bien attendre encore un peu, non ?

Des rires ou des fâcheries. Nous nous retrouvons

pour boire des limonades, sous la banne en toile bicolore d'un café proche du lycée. Devant nous s'écoule la foule bigarrée de Tunis, Arabes et Français mêlés, odeurs épicées sous un soleil de plomb.

D'autres ne sont pas du tout d'accord pour fonder ce pays en Orient, et je pense plutôt comme eux.

— On a déjà un État, on est français. Pourquoi il faudrait partir ? Et d'abord, qu'est-ce qu'il pourrait nous faire, cet Hitler ?

— Tu verras, c'est un salaud.

— On verra rien du tout. Si les Allemands bougent un orteil, on fera comme en 18 : on les écrasera comme des punaises, et puis voilà !

Toutes ces histoires me passionnent et m'effrayent sans me distraire un instant du but que je me suis fixé : je ne traîne pas longtemps dans les cafés ou sur les plages. À dix-huit ans, j'obtiens mon baccalauréat.

Chaque été depuis la séparation, toute la famille se retrouve à Langrunes, dans la petite cabane de vacances sauvée par miracle du désastre financier. Je n'ai pas changé d'idée, mais quelque chose m'inquiète, et je veux en parler à mon père.

— J'ai réfléchi au sujet de mes études.

— Je t'écoute, Colette.

— Si je commence maintenant, je dois faire une année de licence, et ensuite, j'en ai pour au moins sept ans.

— Et alors ?

— Et alors, je sais que ça vous coûtera cher. C'est long, sept ans. Yoyo a trouvé un travail, elle. Si je passe une licence d'anglais, ce sera facile, je parle couramment. Je pourrai vite gagner ma vie, je ne vous coûterai plus rien.

Mon père réfléchit un instant en examinant le bout de ses doigts. Depuis que j'ai décidé de faire des études, nous nous sommes rapprochés. J'ai dix-huit ans, mais je sens qu'il me considère maintenant comme une adulte, presque son égale. Comme s'il se revoyait trente-cinq ans plus tôt, entamant ses propres études, avec la même détermination farouche.

— Écoute, Colette, tu veux être médecin, c'est bien ça ?

J'approuve d'un hochement de tête.

— Même si tu me disais que tu ne veux plus, là maintenant, je ne te croirais pas. Tu t'es trop battue pour ça. Alors, écoute-moi bien : tant que je serai vivant, je veux que tu puisses faire toutes les études que tu veux. Notre devoir à nous, c'est que tu puisses aller au maximum de ce que tu peux faire. Le reste, ce n'est pas à toi de t'en occuper.

Plus tard, bien après sa mort, j'ai appris qu'il avait été tenté lui aussi par les études de médecine. Mais celles-ci étaient longues, et sa famille était trop pauvre pour le supporter ; il avait préféré devenir ingénieur. Quand je me suis trouvée seule à Paris avec lui, il m'avait avoué une forme de regret au sujet de nos études, de la musique.

— Les leçons de harpe et de solfège, m'avait-il dit, je croyais que c'était normal, que c'était bien pour vous. Je suis né dans un milieu où on n'éduquait pas les filles. Alors, je pensais… Enfin, j'ai laissé faire ta mère. Elle aussi croyait bien faire, et tu vois, pour Yoyo, elle a eu raison. Pour toi, c'est moins sûr. Je sais maintenant que tu as pris la bonne décision : il faut que vous ayez un métier, que vous puissiez gagner vous-même votre vie. Quand elle sera plus grande, Bijou ira au lycée, elle aussi, et elle aura un métier.

À partir de ce moment-là, je suis parfaitement assurée d'aller au bout ; tout ne dépend plus que de moi. Pour intégrer la faculté de médecine, il fallait le bac, bien sûr, mais aussi réussir une licence intitulée PCB – physique, chimie et biologie –, qui était enseignée à Paris.

À l'automne 1938, je quittai donc l'Afrique du Nord pour la capitale. Dans le bateau qui s'éloignait du port, je songeai sans nostalgie aux quatre ans qui venaient de s'écouler.

Sans imaginer un instant à quel point ma vie allait bientôt être totalement bouleversée.

5

Étudiante

De retour à Paris, j'ai l'impression d'avoir quitté la ville depuis des siècles. Pendant notre séjour de l'autre côté de la Méditerranée, mon père s'est battu pour retrouver une situation. Maintenant, il travaille pour le ministère de la Guerre, dans la partie armement. Après avoir vécu quelque temps chez sa mère, il habite maintenant un appartement HLM du quatorzième arrondissement, avenue du Général-Maistre, l'un de ces fameux immeubles en brique rouge qui bordent toujours le périphérique.

Je pensais m'installer avec lui, mais il n'a pas voulu.

— Tu sais, je suis tout le temps en déplacement. Tu seras seule toute la semaine à m'attendre, ce n'est pas bien. Tu es jeune, il faut que tu voies du monde.

— Mais où veux-tu que je vive ?

— Tu auras quelque chose de bien, ne t'inquiète pas. Je m'en occupe.

Il m'a loué une petite chambre à la cité universitaire de Paris, cet ensemble de résidences pour étudiants qui vient d'être édifié, dans le droit fil du pacifisme de l'entre-deux-guerres. Une vingtaine de bâtiments abritent des élèves venus du monde entier. Toutes les nations doivent vivre en harmonie, pense-t-on. Je loge dans le collège néerlandais, un grand bâtiment blanc très carré.

— Tu verras, m'explique papa, à la cité universitaire, il y a tout ce qu'il te faut.

Lorsqu'il est à Paris, je dîne avec lui avant de regagner mon appartement. Et nous discutons longuement, presque d'égal à égal. J'ai l'impression de le redécouvrir, ou plutôt de découvrir un inconnu.

À la rentrée de septembre, on ne parle que d'une chose dans les journaux, à la radio : Hitler veut s'emparer des Sudètes, de minuscules territoires germanophones qui appartiennent à la Tchécoslovaquie depuis 1919. Céder à cette revendication, c'est accepter de démembrer ce pays avec lequel nous sommes alliés. Mais refuser, c'est courir le risque d'une guerre. D'ailleurs, une partie de l'armée vient d'être mobilisée, au cas où.

Mon père m'en parle souvent, l'expression sinistre, comme ces paysans qui voient arriver l'orage avant tout le monde. Mais que personne ne veut croire parce qu'on pique-nique et que l'après-midi est belle.

— On vient déjà de laisser les boches prendre l'Autriche. On ne peut pas reculer. Ce serait le début de la fin.

Et pourtant, on recule encore. À Munich, nos émissaires et ceux de l'Angleterre acceptent de laisser faire les nazis, en échange de vagues promesses de paix. À leur retour, la France se déchire entre *munichois* et *antimunichois*.

Avec mes amis aussi, nous sommes divisés, mais le soulagement l'emporte.

— Tu as vu ? dis-je, le soir, à mon père. Finalement, il n'y aura pas la guerre.

— La guerre, on l'aura quand même.

Je suis très étonnée, parce que, tout de même, Daladier et Chamberlain n'arrêtent pas de répéter qu'on a sauvé la paix. Et mes copains, dont certains sont en âge d'être mobilisés, ne seront pas appelés. La paix, ce n'est pas rien, non ?

— Nous n'éviterons pas la guerre, reprend mon père. Et maintenant, elle se fera dans de mauvaises conditions.

— Tout le monde dit qu'on a sauvé la paix.

— Alors, *tout le monde* se trompe. Je te le dis, Colette : la guerre, on l'aura et en plus nous nous sommes déshonorés. Nous n'avons pas tenu notre parole avec nos alliés. Nous avons livré la Tchécoslovaquie aux boches. Qui va nous soutenir, maintenant ?

Un brusque silence s'est abattu dans l'appartement. Dans mon entourage, il est le seul de cet avis, et sa réaction me surprend.

— Tu dis ça, mais il y a deux ans, les Allemands ont repris la Ruhr. Tout le monde a dit que c'était la fin de tout, mais tu vois bien que ça n'a rien changé.

En 1936, Hitler avait réoccupé militairement la Rhénanie, autrement dit sa frontière avec la France, ce qui en principe lui était interdit par les traités. Notre gouvernement avait à peine réagi.

— Bien sûr que si, Colette. Ça change tout. Les Anglais nous ont forcés à accepter la réoccupation de la Ruhr parce qu'ils ne voulaient pas faire la guerre. Très bien, nous non plus, on ne veut pas la guerre. Mais on n'aurait pas dû céder. Grâce à ça, Hitler est devenu un dieu pour les Allemands. Et l'Italie, qui était notre alliée avant l'histoire de la Ruhr, s'est rapprochée de lui. Et maintenant, on recommence pour la Tchécoslovaquie. Toi et tes amis, vous croyez que monsieur Hitler a eu ce qu'il voulait et que tout est fini. Mais ce que vous ne comprenez pas, c'est qu'il en voudra toujours plus, et il est très content qu'on ait lâché nos alliés. Ce sera le tour de qui, maintenant ?

Je ne sais plus quoi penser. Mon père est un homme réfléchi, qui a fait la guerre et qui occupe un poste important au ministère. Dans sa vie de tous les jours, ce n'est pas une Cassandre, mais un optimiste forcené, un homme qui croit au travail, et dans les hommes.

Et s'il avait raison ? Sait-il des choses que nous ne savons pas ?

— Tout le monde croit que les Allemands sont des gens civilisés parce qu'ils ont Beethoven et Goethe. Mais moi, je sais de quoi ils sont capables. Je sais ce qu'ils ont fait en Lorraine, en 1914 : ils ont massacré des milliers de civils comme ça, par plaisir, pour montrer qu'ils sont les plus forts. Ils ne valent pas mieux que ceux qui ont fait les pogromes en Roumanie, qui nous ont chassés de là-bas.

C'est ainsi qu'il me raconte peu à peu l'histoire de ses parents. Plus de vagues allusions comme le grand-père Abraham, mais cette fois les vrais détails pour me dessiller enfin les yeux.

Abraham Brull n'avait pas été chassé de Roumanie par la misère : Sculéni, le village où ils vivaient, était à moitié juif, à moitié roumain. Un jour, mes grands-parents avaient été surpris par des hurlements, des coups de feu.

— Un pogrome.

— Oui. Un pogrome.

Son récit me glace. Pourquoi ne nous ont-ils rien dit ? Toujours cette espèce de tabou des ashkénazes : ils se font massacrer, et ce sont eux qui ont honte.

Les assassins parcouraient le village pour tuer des Juifs, le plus possible. L'un d'eux était entré dans la maison familiale et avait tenté de violer ma grand-mère.

— Ton grand-père l'a poignardé, poursuit-il, une lueur dure au fond des yeux. Lui, un ouvrier ébéniste. Ensuite, ils n'ont plus eu le choix : ils ont réuni quelques affaires et ils sont partis à travers bois.

Je frissonne en imaginant l'horreur. Mes deux grands-parents, vingt ans tous les deux, fuyant sans argent l'hiver, avec trois enfants dont mon père, alors nourrisson. L'un d'eux était mort sur la route, de faim et de froid, ils l'avaient enterré. Leur périple les avait conduits en France.

— Et maintenant, c'est en Allemagne que ça se passe, me dit mon père.

— Pas à ce point-là.

Il secoue tristement la tête. Depuis l'arrivée au pouvoir des nazis, m'explique-t-il, on oblige les Juifs à fermer boutique, on leur vole leurs biens. Peu à peu, ils ont été exclus de la fonction publique, des professions libérales comme médecin ou avocat. Ils n'ont plus le droit de se marier avec des non-Juifs.

— Les nazis se sont un peu calmés en 1936, quand il y a eu les Jeux olympiques à Berlin. Parce qu'il y avait des journalistes chez eux, ça se serait trop vu. Mais après, ils ont recommencé et c'est devenu pire. Ils ont même effacé les noms juifs des monuments aux morts, tu te rends compte ?

Je suis effrayée. Il en sait bien plus que mes copines des éclaireurs israélites qui m'avaient fait découvrir ces histoires.

Cet automne-là, les choses continuent d'empirer : lors de la Nuit de cristal, les nazis ont détruit des boutiques et des synagogues, les Juifs ont été battus ou enfermés par milliers dans des camps de concentration. Ils fuient l'Allemagne par wagons entiers, certains se fixent en France, d'autres continuent la route et s'exilent aux États-Unis ou en Palestine.

— Mais pourquoi ils font ça ? Ces gens ne leur ont rien fait, je ne comprends pas.

— Il n'y a rien à comprendre. Hitler accuse les Juifs de leur avoir fait perdre la guerre en 1918. C'est idiot et c'est injuste, mais c'est comme ça. Tu sais, des gens qui détestent les Juifs, il y en a partout, même en France.

— Pas comme ça. Pas à ce point-là.

Il secoue la tête en se plongeant dans ses souvenirs.

— Ne crois pas ça. Quand je travaillais dans la sidérurgie, on m'avait fait comprendre que je n'aurais pas de promotion parce que j'étais juif. C'est pour ça que je suis parti chez Muller et Compagnie. Tu sais qu'en ce moment, je suis chargé de cours à l'École centrale. Normalement, avec mes titres, je devrais avoir une chaire de professeur, mais ça n'arrivera jamais : le directeur est un antisémite.

— C'est dégoûtant !

— Bien sûr que c'est dégoûtant, mais c'est comme ça. Alors, tu vois, il faut faire attention.

Faire attention, je ne sais pas exactement ce que ça veut dire. Je ne sais même pas ce qu'être juif signifie, je ne me trouve aucune différence avec les autres élèves autour de moi. Ce qui arrivait en Allemagne était horrible, mais ce n'était pas chez nous.

Ça ne pouvait pas nous arriver.

Alors que le monde s'assombrit, avance lentement vers l'abîme, j'ai dix-neuf ans et je suis assidûment mes cours à la faculté des sciences, face au Jardin des Plantes. Je dois obtenir la licence PCB (physique-chimie-biologie) pour entrer à la faculté de médecine. Mais comme je ne suis pas très bonne en physique, je travaille d'arrache-pied, à m'en abîmer les yeux.

Concentrée sur mon objectif, je ne sors presque pas et vois très peu d'amis. Colette la tire-au-flanc, Colette qui se cachait pour travailler le moins possible à la harpe n'existe plus ; je suis en guerre, un Spartiate à l'entraînement. Heureusement, je parle de plus en plus à mon père, devinant peut-être que ces moments sont précieux, qu'ils ne se reproduiront pas. Et j'ai l'impression que de son côté il cherche peut-être aussi à rattraper le temps perdu, à me transmettre tout ce qu'il ne nous avait pas dit, à nous, ses enfants, à cause du travail ou de l'exil tunisien.

Alors que je l'ai connu amoureux des blagues et des calembours, il me montre une autre facette de celui qu'il est, sans illusion sur l'humanité en général, certainement un héritage de ce qu'il a vécu pendant la Grande Guerre. Mais il me dit aussi qu'il faut toujours rendre service sans rien espérer en retour, toujours se montrer reconnaissant à ceux qui vous ont aidés, que c'est là notre dignité humaine.

Je suis surprise de le découvrir sans aucun préjugé de classe ; il m'emmène un jour chez l'un de ses anciens ouvriers dans une baraque pouilleuse de la banlieue parisienne. Un vieil homme nous reçoit en casquette avachie et bleu de chauffe élimé. L'intérieur est propre mais exigu, bourré jusqu'au plafond de souvenirs lointains, asiatiques, me semble-t-il. Un trésor en pleine zone. J'apprends que l'occupant des lieux a vécu longtemps en Indochine et qu'il est fin connaisseur de l'art de cette région. Mon père, le directeur d'usine, l'interroge en toute humilité, et le vieil ouvrier lui délivre tout son savoir, des heures durant.

À la fin de l'année scolaire, j'obtiens le PCB. Nous passons les vacances en Normandie avec maman, Bijou et Maurice, qui ont fait le voyage depuis Tunis. Je suis assez sereine, certaine que la rentrée en faculté de médecine se passera le mieux du monde. Si je travaille, j'aurai tout ce que je veux. Et j'irai en Afrique soigner les enfants.

Qu'est-ce qui pourrait m'en empêcher ?

Un mois de septembre chaud, à Paris. Maman, Maurice et Bijou sont repartis. Je commence une nouvelle année. Un matin, l'air me semble électrique. Je vois un homme courir, s'engouffrer dans une boutique. Des ménagères se sont regroupées, elles parlent fort. Un attroupement se forme plus loin, autour du kiosque à journaux. Des gamins tordent le cou pour essayer de voir ce qui se passe, les adultes s'arrachent l'édition du jour.

Et comme dans un rêve, j'entends les mots. Je m'approche encore, et les gros titres s'étalent devant mes yeux, irréels.

L'Allemagne vient d'envahir la Pologne.

Ultimatum.

Déclaration de guerre.

Le sang bat à mes tempes, je sens que l'univers entier bouge autour de moi, comme quand papa nous avait annoncé que nous étions ruinés.

Officier de réserve, mon père a été mobilisé avec le grade de lieutenant-colonel. D'abord affecté à Paris, au ministère de la Guerre, il part bientôt pour de mystérieuses inspections dont il ne dit jamais mot.

Pendant quelques semaines, le temps se suspend. Je crois qu'il va se produire quelque chose, mais non, rien. La France est en guerre, et voilà. Les hommes ont été mobilisés, je vois des tenues kaki partout, on nous distribue des masques à gaz. Nous sommes organisés et nous sommes forts.

Et mes études continuent, comme si de rien n'était.

Maman a décidé de revenir à Paris. La famille, dit-elle, doit rester unie. J'attends leur retour avec impatience. Un jour, je pousse la porte et je retrouve Maurice, et surtout ma chère Bijou. Nous tombons dans les bras l'une de l'autre, en larmes. Seule Yoyo, qui a maintenant vingt ans et un poste de professeur de piano au lycée de Tunis, est restée là-bas.

Bientôt, l'hiver arrive, le plus froid depuis vingt-cinq ans. Au cinéma, les actualités filmées montrent nos braves poilus luttant dans la neige pour ravitailler les premières lignes, renforçant notre ligne Maginot, examinant les débris d'avions allemands abattus. NOUS VAINCRONS PARCE QUE NOUS SOMMES LES PLUS FORTS, proclament les affiches. Mais à part les tournées de Maurice Chevalier au théâtre aux armées, il ne se passe rien, hormis de vagues coups de main dans de lointains avant-postes, anecdotes montées en épingle (de manière assez ridicule et fanfaronne, nous le comprendrons plus tard). Et si Hitler n'osait pas nous attaquer ? Il a écrasé la Pologne, d'accord, mais nous, c'est autre chose.

La France n'a-t-elle pas gagné la guerre précédente ?

Mon père n'est pas du tout de cet avis. Entre deux tournées d'inspection, il ne cache pas son pessimisme.

— Ce n'est pas normal. L'état-major n'est pas à la hauteur.

— Papa, tu ne peux pas dire ça ! Qu'est-ce que tu voudrais qu'il fasse, l'état-major ?

— Il ne devrait pas nous laisser comme ça, à rien faire. On est en train de perdre la guerre. En 39, Hitler était occupé en Pologne ; c'est à ce moment-là qu'on aurait dû attaquer. Au lieu de ça, on a attendu tranquillement. Mais attendu quoi ?

Au printemps, nous apprenons par la radio que la Wehrmacht attaque dans les Ardennes (que nos stratèges galonnés n'avaient pas jugé utile de fortifier). Une terrifiante nouvelle malgré la machine à bobards qui tourne à plein régime, et nous explique que tout va s'arranger. Vraiment ? Voilà bientôt huit mois qu'on nous répète à longueur de temps que les Allemands ont peur, qu'ils sont mal équipés et mal commandés. Alors, cette offensive-surprise, comment est-ce possible ? D'autant qu'elle ne semble pas vraiment enrayée...

Les jours passent.

Nous contre-attaquons en Belgique. Les Allemands, eux, continuent de foncer vers la mer. Personne n'y comprend rien. Une brusque inquiétude s'installe, comme quand on s'aperçoit qu'on a été victime d'une grosse escroquerie. D'abord, on ne réalise pas. Puis on minimise. Puis les preuves tombent. On les prend de plein fouet : quelques jours plus tard, nous apprenons que le gros de nos forces est acculé à la côte, avec celles des Anglais. Ça se passe à Dunkerque, sur la mer du Nord. Il faut les évacuer en catastrophe.

La radio ment toujours, obstinément, stupidement. L'état-major a prévu un *repli stratégique*, une *défense élastique*. C'est prévu, ça va s'arranger.

Tout s'arrange si bien que nous voyons bientôt arriver, incrédules, les premiers réfugiés. Des gens aux regards creux, épuisés, assommés par la chaleur, des vieillards, des enfants, matelas et valises entassés sur leurs charrettes. Ils ont faim et ils ont soif, le mois de juin est caniculaire. Ils ne s'arrêtent pas à Paris, mais continuent vers le sud, et leur terreur est contagieuse.

Le coup de Dunkerque à peine digéré, nous apprenons que les Allemands lancent une autre offensive.

Où ? Un soir, je découvre mon père à l'appartement. Il est arrivé à l'improviste, accompagné d'un ami. Il est concentré, plus grave que d'ordinaire.

— Ah ! Colette. Dépêche-toi de préparer tes affaires, me dit-il d'un ton sans réplique. Vous quittez Paris.

J'aperçois des valises dans le couloir, des habits tout prêts posés dessus.

— Quitter Paris ? Qu'est-ce qui se passe ?

— Il se passe que les boches vont attaquer Paris. Le front ne tiendra pas ; ils seront ici dans une semaine.

— Dans une semaine ? Ici ?

— Peut-être encore plus vite que ça. D'après ce que je sais, Paris sera déclaré ville ouverte. Mon ami vous emmène à Royan. Il a une maison là-bas.

Bijou, Maurice, maman et moi prenons donc la route, muets de stupeur. Les arbres défilent au bord de la nationale. Nous traversons des villages silencieux que les habitants s'apprêtent à fuir, eux aussi. Comment un tel désastre est-il possible ? Est-ce la réalité ? Nous dépassons des files de marcheurs, des voitures à bras, des charrettes, de rares automobiles. Peu de militaires, où sont-ils ? Les ponts de la Loire occupent nos conversations. Ils pourraient avoir sauté, nous explique notre chauffeur. Mais non, ils sont intacts. Traversée. Deux jours plus tard, nous arrivons à Royan.

Une ville de vacances, très ensoleillée et bondée de monde, femmes, enfants et vieillards mêlés, étranges estivants aux figures pâles, cherchant inlassablement des nouvelles ou à manger. Les fuyards s'entassent un peu n'importe comment, et la municipalité tente de les ravitailler. Nous écoutons la radio, frénétiquement. Il paraît que nous nous battons, mais personne n'y croit. Les routes sont bombardées, le peuple de France fuit, une fuite honteuse, sans but, crasseuse, affamée et égoïste. La France humiliée, j'en pleurerais de rage. Et nous sommes pris dans cette cohue misérable.

Les Allemands avancent, avancent.

Nous logeons dans une jolie villa au bord de mer, des pins parasols sous un ciel parfait, un soleil généreux, pas un nuage et l'air pur de l'océan, que nous sentons à peine. Car c'est un cauchemar autour de nous, un décor de carton-pâte qui s'écroule dans des relents de pourri. Le vieux pays se décompose sous nos yeux.

Quelques jours après notre installation, mon père surgit soudain, en uniforme. Il nous demande comment se passent les choses, si nous ne manquons de rien. Il est sombre, furieux, sec. Lui qui ne raconte jamais rien nous lâche ce qu'il vient de vivre et qui le met hors de lui.

— J'étais à Saintes avec mes hommes. La municipalité a voulu nous empêcher de faire sauter des dépôts de poudre, vous vous rendez compte ? On a failli se faire lyncher.

Il repart, toujours aussi en colère.

C'est la fin : quelques jours plus tard, Pétain, nommé à la tête du gouvernement, demande l'armistice.

Une semaine passe, et nous voyons papa revenir, habillé cette fois comme un clochard. Une fois reposé, nourri et lavé, il nous raconte ses pérégrinations.

Après avoir tenté de continuer la guerre (beaucoup de municipalités ne voulaient plus entendre parler de combats), il avait été fait prisonnier du côté de Saint-Jean-d'Angély. Dépassés par la quantité de captifs, les Allemands les avaient parqués dans un pré, au hasard.

— Nous sommes prisonniers, peut-être, avait alors dit mon père à ses hommes. Mais nous sommes plus de deux cents et il n'y a que trois gardes. On n'est pas forcés de rester.

— D'accord, mais pourquoi partir ? Pétain a dit que la guerre est perdue. C'est fini maintenant, on va rentrer chez nous. C'est pas le moment de se prendre une balle.

Personne ne voulait bouger. Papa avait donc enlevé sa veste d'uniforme et son képi, il en avait fait un gros baluchon et était tranquillement sorti du camp en prenant l'air d'un ouvrier agricole.

Il est enragé contre Pétain.

— Ce type a été infect, c'est un traître. Jamais on n'aurait dû signer cet armistice.

— Allons, tente ma mère. Que veux-tu qu'il fasse d'autre ?

— À ce stade, pas grand-chose, tu as raison. C'est trop tard maintenant. Mais bon sang, l'état-major a été au-dessous de tout. On avait autant de tanks que les boches, peut-être même plus, et nos avions n'étaient pas si mauvais. Tout a été fait en dépit du bon sens. Les pertes ont été énormes, c'est une honte d'abandonner comme ça. Et maintenant, à cause de cette vieille culotte de peau, la moitié de l'armée française est prisonnière !

— On sait que tu ne l'aimes pas, mais tu lui mets un peu tout sur le dos, non ?

— Pas du tout ! Ce type est un vieux saligaud. C'est lui qui a demandé de cesser le combat, alors que l'armistice n'était pas signé. Personne ne le lui demandait. On aurait dû le mettre à la retraite depuis longtemps. C'est de Gaulle qu'il aurait fallu écouter.

De Gaulle, nous apprend-il, est un général de l'armée de terre, qui a lancé un appel quelques jours plus tôt depuis Londres. Il veut continuer la guerre. Depuis les années 1930, il se bat pour qu'on emploie les blindés d'une façon moderne, et les vieilles badernes qui dirigent l'armée ne l'ont pas écouté (à part Pétain, justement, mais qui a fini par changer d'idée). Ils ont dispersé nos blindés et nos avions en petits groupes au lieu de les masser comme les Allemands. Et ils ont cru être à l'abri derrière cette ligne Maginot qui nous a coûté des fortunes et n'a servi à rien.

Mon père est parti quelques jours, à nouveau. J'ai su par la suite qu'il avait gagné Bordeaux, d'où il voulait tenter de rejoindre Londres. Mais il est revenu.

Il n'a pas voulu nous abandonner.

Le train qui nous ramène tous à Paris est affreusement bondé.

Il avance avec une lenteur d'escargot, comme pour nous faire expier le désastre. La chaleur est terrible, l'atmosphère, irréelle. Des jambes, des ventres, valises et ballots empilés, des bonnes femmes affolées, hargneuses ou au contraire abattues. Pas beaucoup d'hommes. Parfois, les langues se délient. C'est à cause du Front populaire, des congés payés, des Juifs, des instituteurs ou des communistes, des francs-maçons. Le maréchal va nous sortir de tout ça. On va balayer la chienlit, pour de bon cette fois.

D'autres – la majorité – gardent un silence accablé.

Je regarde mon père, impassible mais hors de lui sans aucun doute, je le devine à la noirceur des yeux. Pétain a dit que *l'esprit de jouissance* l'avait emporté sur *l'esprit de sacrifice*. Une insulte pour tous ceux qui ont combattu et qui sont morts, et ils sont nombreux, leurs cadavres encore chauds. Comment ose-t-il ?

Les verrières de la gare d'Austerlitz inondent de chaleur une touffeur, une cohue monstrueuse. Nous découvrons Paris défiguré. Partout des panneaux indicateurs en allemand, des affiches, des véhicules militaires, les rues pavoisées de croix gammées comme pour une sale fête, une fête de cauchemar. Et pourtant, il fait un temps merveilleux. Nous découvrons les premiers soldats vert-de-gris qui se baladent, l'appareil photo en bandoulière, comme des touristes dans un zoo. Des affiches invitent les *populations abandonnées* à faire *confiance au soldat allemand*. Un dessin représente un nazi souriant qui porte un enfant dans ses bras.

Avec tout ce que m'a dit mon père sur les boches, je ne suis pas près d'accepter leurs cadeaux. Ni de les accepter tout court d'ailleurs.

Eux déambulent dans nos rues, l'air très à l'aise. Comme si la guerre était vraiment finie pour de bon.

Je suis atterrée, je croise le regard de Maurice, pâle d'indignation.

Mon père garde un visage serré, gris, stoïque. Personne ne dit le moindre mot.

Une mauvaise surprise nous attend avenue du Général-Maistre. La porte est fermée à clé, mais à l'intérieur tout est en désordre, les placards à provisions vides.

La concierge qui nous avait vus arriver pointe déjà son nez à la porte, contrariée.

— Ah ! vous êtes rentrés, dit-elle. Je voulais vous dire : vous aviez des provisions, mais on manquait de tout. Je les ai prises. Je ne pensais pas que… Enfin, je croyais que vous étiez vraiment partis.

La garce sait très bien que nous sommes juifs, qu'Hitler ne nous aime pas. Certains – les plus riches – ont déjà fui Paris. Ma mère lui sourit aimablement, froidement.

— Mais c'est normal, madame Delatour[1]. Vous nous rendrez ça plus tard.

Le ton est aussi poli que méprisant, et la bonne femme le sent aussitôt. Elle bafouille que oui, bien sûr. Elle va tout rendre. Mon père, qui a fait un petit tour d'inspection, enfonce la dernière banderille.

— Je constate qu'un certain nombre de mes bronzes ont disparu. J'aimerais les récupérer.

Elle ravale sa salive et sa honte.

— Oui. Oui, bien sûr. Je les ai pris pour les mettre à l'abri. Mais je vais vous les rapporter, hein !

1. Le nom a été changé.

— Mais bien sûr, madame Delatour. Revenez donc demain.

Le lendemain, elle nous dépose les bronzes avec des explications à n'en plus finir. Les Allemands, les voleurs, la guerre, son devoir de gardienne. Puis repart, son gros derrière moulé dans sa blouse.

En plus des Allemands, nous avons maintenant une autre ennemie.

6

Jacques

À peine de retour à Paris, je reçois une convocation pour les examens de fin de première année de médecine – décidément, rien n'arrête jamais la vie de l'Administration. Je les rate, mais dans mon malheur, j'ai de la chance : il y a eu tellement d'absents que la faculté doit nous les faire repasser. Et cette fois, je réussis.

À vingt et un ans, me voici en deuxième année de médecine.

En principe, je devrais vivre un rêve, moi, si mal partie, mais le monde est devenu hostile. L'occupation allemande est une humiliation de chaque instant. Couvre-feu obligatoire de vingt-trois heures à trois heures du matin, obligation d'accepter la monnaie allemande, l'heure allemande. Priorité pour les soldats allemands dans les transports, formulaires administratifs en langue allemande, instauration des jours *sans viande*. Le temps de la sidération passé, certains protestent, mais le ton se durcit aussitôt : pour une lacération d'affiche, c'est la peine de mort.

L'emprisonnement pour ceux qui manifestent dans les cinémas pendant les actualités. Bientôt, on laisse la lumière allumée pendant ces projections : il y a bien trop de sifflets et d'insultes.

Ça, c'est pour le tout-venant, les Français comme tout le monde.

Un soir, mon père nous rassemble :

— Le gouvernement Pétain vient d'instaurer un statut pour les Juifs, nous annonce-t-il, la mine sombre.

— Un statut ? demande Maurice. Qu'est-ce que ça veut dire ?

— Ça veut dire que les Juifs n'ont plus le droit d'être fonctionnaires, militaires, professeurs ou journalistes. Nous n'avons plus le droit de diriger des entreprises. Ils veulent nous réduire à rien. Nous ne sommes plus des Français comme les autres.

Nous nous regardons les uns les autres, anéantis. Comment une telle chose est-elle possible ? Est-ce que ce sera vraiment la loi ?

— Et pour l'hôpital ? Pour l'école ? demande maman. Et toi ? Tu es fonctionnaire, tu travailles dans un ministère. Ils vont te mettre dehors ?

Papa sourit aigrement.

— J'ai été blessé deux fois et j'ai été décoré. Ça me donne le droit de rester à mon poste. Et pour Colette à l'hôpital et Maurice au lycée, mon statut vous protège.

Il nous explique, la gorge serrée, qu'en revanche ce statut livre les Juifs étrangers pieds et poings liés aux Allemands, y compris ceux qui ont fui les fascistes dans les années précédentes. Ils seront regroupés dans des camps d'internement, à la disposition des nazis.

— C'est une honte absolue. Une honte absolue. Ils ont même aboli la loi qui interdisait la propagande antisémite. Mais tant qu'on y est, n'est-ce pas ?…

J'ai l'impression d'avoir reçu une série de gifles, je suis humiliée, en colère. Et je repense à nos conversations avec mes amis du lycée de Tunis :

— *Et d'abord, qu'est-ce qu'il pourrait nous faire, cet Hitler* ?

Maintenant, on le sait un peu.

Le souvenir de ces échanges prend soudain un relief très particulier, très inquiétant. Avons-nous été si naïfs ?

Il a fallu se déclarer en mairie, comme des bêtes de foire. J'étais scandalisée, je ne voulais pas, mais papa a beaucoup insisté.

— Mais enfin pourquoi s'inscrire ? À quoi ça sert ?

— C'est la loi, Colette. Ça ne sert à rien, mais je suppose qu'ils veulent nous rabaisser.

— Eh bien, moi, je ne vois pas pourquoi on irait se rabaisser !

— Tu as peut-être raison, mais je te répète que nous n'avons pas le choix. Tout le monde sait que nous sommes juifs. La concierge le sait. Elle ne nous aime pas beaucoup et elle serait bien contente de raconter à la police que nous ne sommes pas déclarés. Et ce n'est pas la seule : tous les gens pour qui j'ai travaillé le savent. À l'École centrale aussi ils le savent. Sinon, ils ne se seraient pas amusés à bloquer ma carrière. Si je ne me déclare pas, je serai dénoncé, ne te fais pas d'illusions.

Se sachant plus exposé, papa estimait ne pas avoir le choix ; cependant, il avait conseillé à ses frères et sœurs de ne pas l'imiter.

Lorsque nous nous présentons au commissariat du quartier, une file d'une dizaine de personnes s'allonge déjà. Tout le monde baisse les yeux, même moi, sans pouvoir m'en empêcher. J'ai l'impression d'être punie, soudain montrée du doigt, moi qui suis comme tout le monde. Entre nous tous, rien de commun. Il y a des riches, des pauvres, des immigrés fraîchement arrivés de Roumanie ou de Pologne, des bourgeois. On nous répète que la guerre, c'est à cause de nous, les Juifs. À cause de nous ? De cette grosse femme bien habillée, de ce vieil ouvrier tout ridé ? De Bijou ? De moi, une étudiante de vingt ans ?

Absurde et révoltant. Je découvre parmi tous ces gens un camarade de faculté dénommé Gentil. Avec un sourire terne, il m'apprend que son nom est d'origine juive, qu'il signifie « étranger ».

Des étrangers dans notre propre pays, c'est ce qu'on veut faire de nous.

Arrivée dans le bureau, je sors ma carte d'identité devant le fonctionnaire. Sans un regard pour moi, il donne un coup de tampon : JUIVE, en grandes lettres carrées. Je replie ma carte en avalant ma salive. D'autres coups de tampon autour, personne ne dit rien, juste le minimum. Je continue le circuit administratif, on me demande mon nom, mon adresse, si j'ai le certificat d'études.

— Non, je ne l'ai pas, dis-je en me redressant, encore un peu plus en colère.

— Très bien, fait le fonctionnaire après un temps de réflexion. Alors, je mets « analphabète ».

De surprise, j'en ai presque le souffle coupé. Analphabète ! Est-ce qu'il est vraiment stupide ou il fait exprès ?

— Je n'ai pas le certificat d'études, mais j'ai le bachot et je suis étudiante en deuxième année de médecine.

J'ai parlé très vite, un peu fort. Au bord du scandale. S'il y a un analphabète, ici, ce n'est sûrement pas moi. J'hésite à le dire, mais je me retiens. Il me lance une œillade bovine.

— Ah… Attendez, je demande au chef…

Le patron revient quelques instants plus tard. Après m'avoir examinée des pieds à la tête, il décrète que je ne suis pas analphabète. Je ressors, mes papiers dûment remplis et tamponnés, mais ivre d'humiliation.

J'ai beau chercher, je n'arrive pas à comprendre ce qui nous arrive. Pourquoi serions-nous responsables de la guerre ? Qui a décidé que nous sommes différents ? En quoi, d'ailleurs, sommes-nous différents ? Tout ça est grotesque, absurde, barbare.

Pour mon père, les choses sont très claires, il le répète sans arrêt : tout vient de Pétain et de sa clique. Contrairement à beaucoup d'anciens combattants qui le vénèrent, il ne lui accorde aucune confiance.

Pire, il le vomit.

— Cette vieille culotte de peau, cette vieille baderne. Vainqueur de Verdun, mon œil ! Le vrai vainqueur à Verdun, c'est Nivelle. Lui, il n'a commandé que deux mois et il a réussi à en tirer tous les lauriers. Et maintenant qu'on a perdu, il ose dire que l'armée n'était pas prête. Mais de qui se moque-t-il ? Qui a fait partie du conseil supérieur de la guerre, qui a été ministre ? Il veut des boucs émissaires ? Il n'a qu'à s'en prendre à lui-même plutôt qu'aux Juifs !

— Tu l'as déjà dit, papa.

Il chasse l'air au-dessus de la table, l'œil noir.

— Tu verras que j'ai raison. Quand il était ambassadeur en Espagne, il n'a fait que fricoter avec Franco contre nous.

— Quand même, les Anglais nous ont lâchés. Regarde à Mers el-Kébir…

En juillet, sur les côtes algériennes, les Anglais avaient détruit une partie de notre flotte parce qu'ils redoutaient qu'elle ne tombe aux mains des nazis. Il y avait eu plus de mille marins français tués.

— Tu parles et tu ne sais pas, Colette. Notre flotte est intacte, les Anglais voulaient être sûrs qu'elle ne servirait pas contre eux. On aurait bien mieux fait de les laisser la prendre, plutôt que de résister bêtement. C'est la preuve que les gens de Vichy défendent les intérêts de l'Allemagne plutôt que les nôtres ou ceux de nos anciens alliés, nos *vrais* alliés. Comme si les boches allaient plus nous respecter pour ça ! Je vais te dire le fond de ma pensée : Pétain est *content*. Il la voulait, cette défaite. La France, il l'aime, mais il l'aime à sa façon : quand elle a peur et quand elle perd. Et maintenant, il nous prend, les Juifs et les communistes, comme boucs émissaires, comme Hitler en Allemagne.

Il a fermé le poing, qu'il se retient de frapper contre la table. Heureusement que personne ne nous entend. La France presque tout entière s'est levée derrière le maréchal, qui a promis de *régénérer* le pays. La défaite, c'est la faute d'un mystérieux ennemi intérieur, au premier rang duquel se trouvent les Juifs, toujours les Juifs, jusqu'à l'obsession.

— Mais crois-moi, Colette, conclut mon père, ces gens-là ne gagneront pas. On ne va pas se laisser faire.

Il a dans son regard et son attitude quelque chose de terriblement résolu qui me donne des frissons d'espoir.

Tant qu'il est là, rien ne sera perdu.

Les discriminations tombent avec la régularité d'un métronome. À peine un décret institué arrive une nouvelle brimade, une nouvelle restriction.

Heureusement, les études occupent presque tout mon temps. En 1941, j'entre en deuxième année de médecine à la faculté. Je pourrais décider de suivre le cursus universitaire jusqu'au bout sans jamais approcher un malade, comme le font certains, mais ce ne sont pas les meilleurs. Moi, je pense toujours à ces enfants que je veux soigner en Afrique. Pour en savoir le plus possible, il me faut de la pratique et je dois pour cela devenir externe. C'est le grade le plus bas dans la hiérarchie hospitalière, mais c'est aussi la meilleure façon d'apprendre le métier.

J'écume donc les établissements de la région, à la recherche de postes de remplaçants ; c'est comme cela que tout le monde débute. Après un passage à l'hôpital de Bezons, je trouve une autre place à

Paris, à l'Hôtel-Dieu, dans le service du professeur Halphen, un grand médecin. Il ignorait alors qu'il serait chassé de l'hôpital moins d'un an plus tard comme un malpropre, parce que Juif.

Je suis encore très loin du diplôme, mais je travaille à l'hôpital, enfin. Il me semble qu'une éternité s'est écoulée depuis que j'ai quitté Tunis. Je suis devenue quelqu'un d'autre. Chaque matin, je sors du métro sur l'île de la Cité, au cœur de Paris. Il est rare que je ne croise pas d'uniformes vert-de-gris au pied de Notre-Dame ; ils s'interpellent, rigolent en se photographiant les uns les autres. Ils ont vingt ans, comme moi. Je m'engouffre dans l'Hôtel-Dieu en faisant semblant de ne pas les voir, puis je longe le péristyle qui entoure de grands jardins rectilignes.

Je dépose mes affaires et j'enfile une blouse blanche. Nous sommes sept ou huit à suivre les consultations. Lentes déambulations entre les lits, dans les salles collectives, je prends des notes. Interdiction formelle de pratiquer le moindre geste médical, nous comptons moins que les infirmières ; mais je suis de l'autre côté de la barrière.

Et tandis que j'observe, je suis moi-même observée sans le savoir.

Je m'en rends compte un après-midi, alors que nous reprenons nos affaires dans le grand vestiaire commun. Toutes les cases sont éventrées. Mon sac a disparu, une catastrophe même s'il contenait juste assez d'argent pour un ticket de métro et un maigre repas.

— Ça ne va pas, mademoiselle ?

Un jeune homme s'est approché de moi, un autre externe. Il a mon âge à peu près, de taille moyenne, je remarque immédiatement une mèche blanche perdue au milieu de ses cheveux sombres très fournis. Il me scrute de son regard noir, embarrassé malgré tout, l'air de chercher ses mots. Est-ce à cause du vol ou de sa façon de m'aborder, un peu brusque, je me sens soudain un peu bête, à mon tour.

— On m'a aussi volé mes affaires, me dit-il.

Un silence. Quelqu'un est parti alerter la surveillante. Avec les restrictions, tout le monde crève de faim. Pas étonnant qu'il y ait autant de vols. On me demande si j'ai été visitée, je réponds « oui » du bout des lèvres.

— C'est idiot. Je n'ai plus de tickets de métro, maintenant.

— Moi, j'en ai. Je vous en donne un.

Il fouille fébrilement la poche de son pantalon et en ressort un, qu'il me tend d'autorité.

— Prenez. J'en ai toujours dans la poche. Au cas où. Prenez, je vous en prie.

J'attrape lentement le ticket, et nous retirons nos deux mains d'un même mouvement, comme si nous nous étions brûlés. Il me dévisage toujours, comme pour formuler une question muette. Est-ce qu'on va se revoir ? La surveillante vient d'arriver, elle contemple le désastre, les casiers éventrés, se lamente sans que nous lui portions la moindre attention.

— Je vous le rendrai demain.

— Je m'appelle Jacques. Jacques Ulmann.

Je souris.

— Je crois que j'avais déjà entendu votre nom. Merci pour le ticket.

Je lui ai rendu son billet ; il n'a même pas protesté. Jacques est juif, lui aussi. Il est un peu plus âgé que moi, et donc plus avancé dans les études, externe titulaire à l'Hôtel-Dieu alors que je ne suis que remplaçante. Entre deux consultations, nous nous arrangeons pour nous retrouver. Je prends toujours plus de plaisir chaque fois que j'approche de l'hôpital, que j'en franchis le vaste hall à colonnades. Et je sais que c'est la même chose pour lui, je le vois aux sourires qui naissent quand nous nous voyons. Mais nous n'osons pas nous effleurer, même pas la main.

Je lui parle de ma famille, de mon père, de ma découverte de ma vocation en Tunisie, de mes études éclair. Il me raconte son enfance à Paris dans une famille originaire de Lorraine. Son père est artiste peintre, et son grand-père, un sculpteur de renom. Mais je perçois une tristesse en lui. Parfois, il semble absent, perdu dans des rêves sinistres. Est-ce à cause de la guerre ? De toutes ces brimades que nous devons endurer ?

Il finit par se confier un jour, alors que nous nous sommes attablés à un café avant d'aller étudier à la bibliothèque de l'école de médecine.

— Il y a une chose que vous devez savoir, me dit-il en sondant mon regard.

À son expression, je devine qu'il hésite encore.

— Vous pouvez me dire. Je ne répéterai à personne.

— Mon père s'est suicidé.

Je deviens toute pâle.

— Suicidé ? Mais quand…

— En juin. Le lendemain de l'attaque en Russie. Il n'a pas supporté.

À la fin du mois de juin 41, les Allemands ont attaqué l'URSS. Encore un coup de tonnerre, qui nous a scié les jambes. Les premières nouvelles sont effarantes : les troupes de Staline ont volé en éclats, les boches foncent sur Moscou. Ils y seront dans un mois ou deux. C'est la fin de tout.

Jacques retient ses larmes, au prix d'un effort surhumain, et moi, je suis submergée de peine et de compassion.

— C'est affreux. Je suis désolée, Jacques.

Il grimace un sourire.

— C'était un patriote. Il n'a pas supporté. Vous n'y êtes pour rien.

Hitler nous écrase sous sa botte. Il a pris la Grèce et la Yougoslavie, il détruit Londres sous les bombes. Et maintenant, il s'en prend à Staline. Rien ne l'arrêtera donc jamais ?

Et si le père de Jacques avait eu raison ?

S'il n'y avait vraiment plus d'espoir ?

Avec tous mes stages de remplacement, je me sens prête à passer le concours de l'externat. Je me rends donc à la faculté pour les formalités d'inscription.

J'entre dans ce qui est devenu ma deuxième maison, la fac de médecine. L'immense vestibule au sol marbré, les grands escaliers toujours remplis de monde, le vacarme de nos pas, le va-et-vient des étudiants. J'arrive bientôt jusqu'au bureau où je dois postuler. C'est un couloir assez sombre où affluent les futurs candidats.

Je me suis approchée et j'ai vu la circulaire, impossible à rater :

LE CONCOURS D'EXTERNAT N'EST PAS OUVERT AUX JUIFS

Une vague d'émotion monte, brûlante, des pleurs que je retiens, difficilement. Je dois sans doute rêver, enfin cauchemarder. Je relis, on me bouscule parce que je suis restée figée, debout en plein milieu du couloir, gênant ceux qui veulent entrer dans le bureau pour s'y inscrire.

Je ne suis pas comme eux, je ne m'inscrirai pas. Je ne serai qu'un demi-médecin. Et encore, si on m'autorise à continuer la fac.

À la maison, je raconte tout, effondrée. Ulcérée. On s'en prend à moi directement, à ma vie, à ce que je veux en faire. C'est une injustice absolue.

Mes parents m'écoutent raconter l'histoire en boucle, impuissants.

— Je ne suis pas juive, je suis française. Française, comme tout le monde ! Je ne vais jamais à la synagogue, je ne connais pas les prières. On n'a jamais fait le shabbat ! Qui a le droit de faire des différences entre moi et les autres, de m'interdire les études ? De quel droit ? De quel droit ?

Je sanglote comme un enfant, et papa finit par poser la main sur mon épaule.

— Ça ne sera pas toujours comme ça. Tu peux continuer la fac, n'est-ce pas ?

— Oui. Oui, bien sûr.

— Alors, tu iras à la fac, tu iras au bout de tes études, externe ou pas, et tu seras médecin. Personne ne t'en empêchera, crois-moi.

— Pétain déteste les Juifs. Ça finira mal.

Jacques est encore plus pessimiste que mon père. Et amer : il vient de se faire virer de l'externat comme un malpropre.

— Dehors, les métèques, dehors, les Juifs ! C'est ce qu'ils disaient avant la guerre, les fascistes, l'Action française, les Croix-de-Feu. Maintenant qu'ils sont au pouvoir, ils se régalent, les cochons.

Jacques est né à Paris, il y a fait toutes ses études. L'antisémitisme, il connaît par cœur, ça traîne depuis des années, depuis l'affaire Dreyfus. Des histoires anciennes jamais réglées, qui remontent à la surface et crèvent comme des bulles nauséabondes.

Le coup de balai touche toutes les professions médicales, les professeurs, les médecins hospitaliers, les médecins de ville : ils ne doivent pas être plus de deux pour cent. Les médecins juifs étrangers sont carrément interdits d'exercice. Même les malades israélites sont interdits d'hôpitaux. Ils devront en principe se faire soigner dans des établissements particuliers (je dis en principe, car en réalité beaucoup n'ont pas respecté cette injonction immonde).

Jacques est pris dans la tourmente, lui aussi : exclu de l'Hôtel-Dieu, il doit renoncer à tout poste hospitalier du jour au lendemain.

Nous en discutons dans un café du Quartier latin, où nous avons nos habitudes. L'été resplendit sur la ville et, malgré les restrictions, les garçons de café s'activent auprès de messieurs bien mis, de dames en toilette et robe à fleurs. Étrange impression d'être des parias parmi tous ces gens, des indésirables. À deux pas de nous, un officier allemand sirote une bière. Il porte à la ceinture son pistolet dans un étui en cuir noir. Je vois par l'arrière la courbe de sa joue bien rasée.

Je détourne le regard pour observer Jacques. Il a ôté sa veste, relevé les manches de sa chemise.

— Vous allez faire quoi maintenant ?

Je me sens curieuse, un peu inquiète pour lui aussi. Il pourrait partir, comme certains commencent à le faire.

— Il y a peut-être une solution, dit-il au bout d'un long silence.

— Vraiment ? Laquelle ?

— Vous connaissez l'hôpital Rothschild ?

Je devine une lueur presque malicieuse dans le fond de ses yeux de jais.

— Un peu, oui, il me semble que c'est au nord de Paris. Pourquoi ?

— Dans le douzième arrondissement. L'hôpital a été créé par les Rothschild, une famille juive. Ils ont appris que tous les internes et les externes juifs avaient été flanqués à la porte. Ils vont faire un concours spécial, et il sera ouvert à tous les étudiants en médecine. Je vais le passer ; vous devriez peut-être faire pareil, vous ne pensez pas ?

— Et ils prennent les Juifs ?

— Je viens de vous le dire : ils prennent tout le monde, même les Juifs.

— Mais je n'ai même pas le niveau pour être externe…

— Ne dites pas de bêtises. Bien sûr que si. Et si vous voulez, on préparera le concours ensemble. Vous l'aurez, le niveau.

Il a un sourire tranquille, comme s'il était aussi sûr de moi que de lui-même.

— Alors ?

Mon cœur s'est accéléré. Je lui souris.

7

L'hôpital

Je suis devenue interne, et Jacques aussi. Normalement, je devrais m'en réjouir, mais je n'en tire presque pas satisfaction.

Me voilà convoquée à l'hôpital Rothschild, au cœur d'un quartier populaire que je connais mal, aux façades noires et aux rues crasseuses. De loin, je devine en marchant des fabriques et des ateliers ; ça ressemble presque à la banlieue qu'on trouve au-delà des fortifs.

J'ai appris que l'ensemble a été construit à la fin du siècle précédent par la richissime famille Rothschild. Au départ, ils voulaient soigner uniquement leurs coreligionnaires, souvent très pauvres et pratiquants. Puis c'est devenu un établissement de quartier, qui prend en charge le tout-venant sans s'occuper de religion.

Avec les nouvelles lois, Rothschild est le dernier hôpital en France où les médecins juifs ont officiellement le droit d'exercer. Comme début de carrière, c'est tout de même spécial. Après le porche d'entrée, rue Santerre, je passe devant un genre de loge de concierge. Deux policiers en uniforme assis là me regardent passer comme ils regardent passer tout le monde. On ne voit que leurs têtes, mais ils scrutent attentivement les visiteurs, surtout ceux qui sortent et dont ils contrôlent les noms.

Mon cœur bat plus fort, un peu comme si j'arrivais à l'école pour la première fois. Avec un petit sourire, un sourire intérieur, je me souviens du visage de ma mère, quand je lui ai dit ce que je voulais faire, à Tunis. Je me souviens de ses doutes, des doutes de ma tante Yvonne.

— *C'est ridicule ! Tu sais bien qu'il faut avoir le bac pour être médecin !*

Tout ça me paraît tellement vieux. Dans sept ans, si tout se passe bien, je serai pédiatre.

Si tout se passe bien.

Derrière l'entrée, je découvre les bâtiments, une quinzaine de pavillons aux toits mansardés. On dirait plus un collège anglais qu'un établissement médical. Je croise des infirmières en tenue blanche, les cheveux bien serrés dans leur coiffe, des médecins en longue blouse serrée à la taille, portant cravate ou nœud papillon. Au secrétariat, on m'indique le service où je suis affectée et je ressors, savourant un instant la sérénité du décor.

— Ah ! vous êtes là !

Je me retourne : c'est Jacques. C'est son premier jour, à lui aussi. Et je suis heureuse de le savoir à mes côtés, même si jamais je n'oserais le lui dire.

Très vite, il me confirme ce que je soupçonne au sujet des policiers :

— Les flics ? Ils sont là pour surveiller les malades.

Je fronce les sourcils. C'est bien la première fois que j'entends parler de policiers surveillant des patients.

— Ils surveillent ? Mais qu'est-ce qu'il y a à surveiller ?

— Les prisonniers juifs. C'est ici qu'on soigne les gens du camp de Drancy.

— Mon père m'en a parlé, oui. Dans des immeubles en construction.

— Oui, des HLM. Pas loin d'ici d'ailleurs ; pas étonnant qu'ils aient choisi Rothschild pour hospitaliser leurs malades.

Je me tais un instant, songeuse. À quoi bon parquer tous ces gens ? Quel mal ont-ils fait, quel mal devraient-ils expier ? Comme s'il devinait mes pensées, Jacques enchaîne d'un air préoccupé :

— Qu'est-ce qu'ils vont faire de tous ces gens ? Ça, on n'en sait rien. Comme s'ils n'avaient pas assez de prisonniers comme ça.

Il s'interrompt brusquement avec un sourire qui n'en est pas un. La chasse aux Juifs a commencé depuis quelques mois. Uniquement les étrangers. On les enferme à Drancy, mais aussi dans d'autres camps, dans le Loiret ou à Compiègne.

— On les enferme, mais il faut bien qu'on s'occupe de leur santé de temps en temps, non ?

— Oui. Bien sûr.

C'est très compréhensible : les infirmeries de ces camps ne sont sûrement pas équipées pour les interventions sérieuses. Mais quelque chose me met très mal à l'aise sans que je puisse le formuler. Comme si je pressentais la piège.

— Au début, on les envoyait à l'hôpital Tenon, me précise Jacques tandis que nous cheminons lentement dans le parc, mais il paraît qu'il y avait trop d'évasions. Ils les mettent ici, maintenant. D'abord, parce que c'est un hôpital juif. Ensuite, ce sont des pavillons ;

c'est plus facile à surveiller. Il n'y a qu'une seule entrée : par le porche.

Plus tard, j'ai su qu'il se trompait : on pouvait aussi passer par la porte de la morgue, et cette issue-là a beaucoup servi.

J'ai été affectée au pavillon sept, dans le service de médecine générale que dirige le professeur Isch-Wall. L'infirmière qui m'accueille a la trentaine, haute comme trois pommes, blonde et le visage rond, vive et souriante.

— Je suis mademoiselle Damangout, votre surveillante. Alors, vous êtes la nouvelle interne ?

J'acquiesce, tandis qu'elle me détaille avec bienveillance. Ni belle ni laide sous sa coiffe blanche, son bon air de paysanne inspire immédiatement la sympathie. D'instinct, je sens que l'on peut compter sur elle, et cet instinct-là ne m'a pas trompée : sous ses airs de ménagère affairée, mademoiselle Damangout est une femme de fer qui sait dépasser toutes les peurs.

Une des futures combattantes du réseau de l'hôpital.

Pour l'instant, elle m'entraîne dans son bureau, où je signe des papiers. Puis elle me fait visiter l'hôpital, bien plus grand que je ne me l'étais imaginé. Il y a un pavillon de chirurgie, un autre d'urologie, le laboratoire, une consultation de stomatologie, une maternité, enfin deux pavillons de médecine, dont le mien. J'apprends aussi qu'il existe un orphelinat Rothschild, à deux cents mètres de là[1].

---

1. Aujourd'hui détruit, on a construit sur son emplacement une maison de retraite médicalisée.

Revenue au pavillon sept, la surveillante me fait visiter l'étage réservé aux femmes, une grande salle collective claire, très propre.

Un autre niveau est attribué aux hommes, exactement semblable, à une différence près.

— En ce moment, nous avons quatre malades internés.

Mademoiselle Damengout me parle plus bas, comme s'il s'agissait d'un secret.

— Ils ont le droit de recevoir des visites, ils peuvent se promener dehors, mais ils n'ont pas le droit de sortir. Vous avez dû voir les policiers dans leur guérite, je suppose.

Elle me confirme vite ce que Jacques vient de m'apprendre. Évidemment, elle paraît désolée, mais qu'est-ce qu'on y peut ? L'un de ces prisonniers – c'est le mot qu'il faut employer – me paraît particulièrement jeune et fatigué. Je croise son regard, noir et sec, comme s'il se méfiait de moi presque autant que de sa maladie.

— On a pas mal de monde aussi en chirurgie, m'explique la surveillante en me faisant signe de la suivre. À Drancy, il y a bien une infirmerie, mais ils n'ont rien ni pour les radios ni pour opérer. Ils nous envoient les cas graves ou alors les urgences, les appendicites, les fractures, bref toutes les opérations.

Elle ouvre la bouche comme pour ajouter quelque chose, puis se détourne et continue la visite.

Je ne dis rien, perdue dans mes pensées.

Ce drôle d'hôpital est aussi une prison.

Pourtant, je m'y sens très vite à l'aise. J'apprécie certains de mes nouveaux collègues, et surtout mademoiselle Damangout. Toujours souriante, toujours active, efficace, elle connaît tous les malades, qu'elle traite avec attention. Une surveillante parfaite, la cheville ouvrière du service de médecine. Elle travaille ici depuis des années, tout le monde l'appelle Gougoutte (du moins, ses proches). J'apprends avec surprise qu'elle n'est pas juive, comme une bonne partie du personnel. Cauvin, un des nouveaux internes, est protestant. Un pharmacien, Pierre Dupont – ça ne s'invente pas – est un catholique bon teint.

Jacques, que je retrouve en fin de journée dans le parc, n'a pas l'air de partager mon enthousiasme.

— Alors, tout va bien pour vous ?

— Tout est pour le mieux, me répond-il avec un sourire crispé. On est internes, c'est bien ce qu'on voulait, pas vrai ?

Je devine son amertume et je la partage. C'est vrai, nous tirons notre épingle du jeu, nous continuons nos études, malgré tout, et nous apprenons notre métier. Mais comment s'en réjouir dans un tel endroit ?

Je lui parle de ma rencontre avec mademoiselle Damangout avec un enthousiasme un peu forcé.

— Je crois qu'on sera bien ici. C'est un bel hôpital.

— Peut-être, répond Jacques.

Son regard court vers le porche d'entrée, et je comprends qu'il pense au poste de police.

— C'est bizarre comme on s'habitue à tout, non ?

Depuis notre admission à Rothschild, je le fréquente de plus en plus.

Une fois ou deux, il m'a pris le bras pour marcher dans la rue, et ça n'a jamais été plus loin. J'ai beau avoir eu la mère la plus pudibonde de France, je suis en deuxième année de médecine, et je connais les risques que nous prendrions. Mes pensées vagabondent parfois ; je devine que nous sommes au bord d'autres routes, d'autres plaisirs, mais il n'est pas question de les emprunter.

Chaque fois que je le vois, mon cœur bat plus fort. Je guette son arrivée, j'aime voir ses cheveux épais avec la mèche blanche, sa silhouette fine ; j'aime son humour pince-sans-rire et le son de sa voix, ses blagues parfois cruelles, et par-dessus tout ses yeux sombres qui se perdent parfois dans les miens. Je le sens solide et attentionné, sérieux, j'aime sa gravité et sa légèreté aussi.

Nous passons du temps à bavarder et plus encore à rire, à nous moquer des passants, du ridicule du monde. Oui, tout va mal, et même très mal, mais on ne va pas en pleurer. Qu'est-ce que ça changerait ?

Un jour, il m'affirme qu'il m'avait repérée parmi les stagiaires, quand nous étions encore à l'Hôtel-Dieu.

— C'est curieux que vous m'ayez vue. Moi, je ne vous ai pas vu du tout, dis-je avec aplomb.

Il reste de marbre.

— Mais j'hésitais à vous parler. J'ai béni le ciel, ce jour où un voleur a forcé les vestiaires.

— Vraiment. Vous auriez pu me parler vingt fois avant ça.

— J'attendais le bon moment, me répond-il d'un air détaché.

Je souris en regardant passer un vieux couple de marcheurs sans réussir à le croire.

Nous nous promenons beaucoup. Paris est tout gris, il fait un froid de loup. Souvent, la seule couleur est le rouge sang du drapeau nazi. Mais en marchant côte à côte, nous n'y pensons plus. Je suis plus bavarde que lui. Il se montre parfois laconique, mais jamais nous ne nous ennuyons.

Nous nous réfugions parfois au cinéma, nous calant dans la demi-obscurité épaule contre épaule. Tout le monde garde son manteau, on voit parfois dans la lumière du projecteur la vapeur des respirations. Personne ne chauffe plus les maisons, alors on ne va pas chauffer les cinémas non plus. Parfois, mes cheveux frôlent sa joue, nos doigts s'effleurent sur l'accoudoir tandis que passent sur l'écran des images qui nous hérissent : les soldats allemands progressant sur le front russe, en vue de Moscou ; les Japonais détruisant la flotte US, à Pearl Harbor ; le secours d'hiver à nos prisonniers, les discours de Laval et d'autres sur l'entente franco-allemande, contre les Juifs, les communistes et les francs-maçons. Malgré les lumières allumées pendant les actualités, il y a toujours des cris et des sifflets : les gens crèvent de faim, mais ils ne sont pas bêtes. Tout ça n'est qu'une excuse pour tenter de nous faire avaler l'humiliation permanente, la famine, le pillage et le mépris.

L'hiver 1941 est affreux. Nous avons froid partout, tout le temps. Plus de charbon, plus de bois.

Nous n'avons pas eu grand-chose à nous offrir à Noël, et pas grand-chose à fêter. Mon père gagne bien sa vie, mais le rationnement est tel, les magasins sont si vides, que maman peine à nous trouver à manger. Maurice et Bijou, seize et huit ans respectivement, étant en pleine croissance, elle se procure le surplus sur le marché noir, le seul à fournir les denrées essentielles : beurre, lait, viande, sucre, farine ou huile.

Le 29 décembre en plein après-midi, la sonnette d'entrée résonne à l'appartement de mes parents. Je vais ouvrir. C'est un agent de police.

— On cherche monsieur Brull.

Mon cœur s'emballe. Je viens d'apercevoir derrière lui, dans la pénombre, l'uniforme vert-de-gris d'un soldat allemand.

— Il n'est pas là.

Le policier reste froid, habitué sans doute à ce genre de misérables ruses.

— Pas la peine de mentir, on sait qu'il est là. On l'a attendu chez la concierge, on l'a vu passer.

Ma gorge se dessèche. Cette garce de concierge…

Il passe devant moi sans rien me demander, dans une odeur de mauvais tabac et de froid, et va jusqu'au salon, comme s'il était chez lui. Il y trouve ma mère, blême, mon père, fier et droit. Il a vu la mort de près pendant la guerre ; ce n'est pas un petit gardien de la paix qui va le faire trembler.

— Monsieur Brull ?

Il abaisse le menton, imperceptiblement.

— Prenez vos affaires. On vous emmène.

Il ne cherche même pas à s'expliquer, ne sort aucun papier. Son ton est sans affect, ni gentil ni méchant ; c'est simplement un ordre qu'il ne faut pas discuter.

Un silence de mort s'est abattu sur l'appartement.

Maurice apparaît, puis Bijou, les yeux écarquillés, qui se réfugie contre la hanche de maman en découvrant le soldat allemand. J'entends papa s'affairer dans sa chambre ; il revient avec une petite valise, comme s'il partait quelques jours, nous embrasse tranquillement.

— À bientôt, les enfants.

Ton froid et calme, sans quémander le moindre regard auprès de ses deux gardiens.

Il embrasse tranquillement ma mère.

— Tu connais mes amis du ministère, ajoute-t-il. Tu sais qui aller voir.

Puis il disparaît de l'appartement, suivi par le soldat allemand. Leurs trois pas résonnent longuement dans un calme abyssal.

Maurice avait dix-sept ans. Papa ne l'a jamais revu.

Le coup est complètement inattendu.

Pourquoi mon père ? A-t-il des activités dont il ne nous aurait rien dit ?

La police arrête des gens, tout le monde le sait, mais pour le moment uniquement des Juifs étrangers, comme ceux que je vois parfois à l'hôpital, quand ils tombent malades. Les rafles, c'est tout le temps, à l'improviste, dans les restaurants ou dans le métro, au hasard de contrôles de police en pleine rue. Mais en principe, elles ne concernent pas les Juifs français. Alors, pourquoi mon père ? D'autant que son statut de héros de la Grande Guerre et d'employé au ministère devrait le protéger. Alors ?

Le lendemain, aucune nouvelle.

Le surlendemain non plus.

Ma mère fait le siège du commissariat, des amis de mon père, au ministère.

— Il s'appelle Samuel Brull. Un policier français est venu le chercher le 29 décembre. Avec un soldat allemand.

— Oh ! Avec un Allemand. Il faut voir avec les autorités allemandes alors.

— Je suis allée les voir hier, mais ils ne m'ont pas reçue. Il y avait un policier français… Quelqu'un doit forcément savoir où ils l'ont emmené.

— Vous connaissez le nom de l'agent ? Son service ?

— Non. Il n'a rien dit. Il ne nous a même pas montré de papiers.

— Alors, je ne peux rien. C'est aux Allemands qu'il faut demander.

Ma mère garde son calme. Elle explique qu'elle en revient justement, de la kommandantur, et qu'elle y retournera tant qu'il faut, mais pour l'instant elle est devant lui, au commissariat français. Et son mari a été *aussi* arrêté par un policier français. Le visage du fonctionnaire se chiffonne.

— Des disparitions et des arrestations, il y en a tous les jours… Est-ce qu'il est en règle, au moins ? Vous vous êtes déclarés comme Juifs ?

— Oui, il était en règle. Nous sommes tous en règle, je peux vous montrer mes papiers. Il travaille pour le ministère.

— Je sais, vous me l'avez déjà dit. Et au ministère, vous avez demandé ? Ils savent peut-être quelque chose…

En général, personne ne veut se mouiller : si un Allemand l'a arrêté, ce Brull, c'est que son affaire n'est pas nette. C'est peut-être un peu dangereux de s'en occuper. Certains se réjouissent presque ouvertement. Tant pis pour les *youdis*, ils l'ont bien cherché.

Janvier 1942.

À la maison, à l'hôpital ou à la faculté, les jours s'étirent, interminables. Qu'ont-ils pu faire de lui ? S'ils l'ont interné dans un de ces camps du Loiret ou à Drancy, on devrait pourtant finir par le savoir. Alors, pourquoi ce silence ?

Vers le 2 ou le 3 janvier, ma mère revient enfin avec des nouvelles : il n'est ni mort ni disparu, mais interné dans un camp, à Compiègne. Comme otage.

Voilà une rafle d'un nouveau genre. Jacques m'apprend que c'est la première fois qu'on arrête des Juifs français, que Pétain protège soi-disant.

— Ils ont pris plus de sept cents personnes, mais pas n'importe qui, vous devriez être fière, Colette, dit-il d'un ton grinçant. Le gratin, uniquement des notables. Il paraît qu'il y a le frère de Léon Blum et le fils de Tristan Bernard. On les a mis dans une prison improvisée, dans le manège de l'école militaire. Maintenant, ils sont tous au camp de Royallieu, près de Compiègne. C'est une ancienne caserne ; il paraît qu'elle est directement dirigée par les nazis

Je frissonne. Pourquoi des otages ?

Avec mon père, les raflés sont des hommes d'âge mûr occupant des fonctions importantes : grands avocats, professions libérales. Des articles paraissent dans la presse antisémite, stupidement vengeurs. *Enfin, on purge la France !* Ces titres me font mal au cœur, j'ai envie de prendre les journaux et de les déchirer, de les piétiner. Mon père s'est battu pour la France, il dirige des usines, et maintenant il est au ministère. Purger la France ? Mais de quoi ?

Une importante exposition vient d'être inaugurée au palais Berlitz : *Le Juif et la France.* Sur de grands panneaux, on explique au public à quoi ressemble un Juif, pourquoi il est dangereux, un parasite qu'il faut extirper de la société, de toutes les parties de la société. Ils sont en train de le faire, ils doivent être contents. Mais Jacques me dit, et cela me réjouit tout de même, que cette foire grotesque n'a pas eu le succès escompté.

Ma mère n'a pas obtenu le droit d'écrire à papa. Nous apprenons quelque temps plus tard qu'il a été transféré à Drancy.

— Il peut recevoir un colis par semaine. Avec du linge propre et des vivres, mais uniquement des boîtes de conserve ou des gâteaux secs. Tout le reste sera confisqué. Et pas plus de deux kilos, nous explique-t-elle, un peu soulagée.

Nous avons très vite su que la plupart des paquets étaient pillés sans vergogne par les gardiens du camp avant d'être remis aux prisonniers.

— Et papa, est-ce qu'on peut le voir ?

Elle secoue la tête, le visage fermé.

— Non. Aucune visite. Et je n'ai pas réussi à savoir combien de temps il resterait. Mais ton père a des relations. Il est quand même lieutenant-colonel de réserve et héros de guerre. Je suis sûre qu'on peut le sortir de là.

Nous pouvons aussi lui envoyer du courrier, pas plus de quinze lignes, et les lettres sont ouvertes. Toute infraction à ces règles sera sévèrement punie.

Quelques jours après, nous recevons une autre visite, celle d'un employé du ministère.

— Voilà pour vous, fait-il en tendant une enveloppe à ma mère. C'est le traitement de janvier de votre mari.

Elle est devenue blême.

— Il ne sera plus payé ?

— Je suis désolé…

Le comptable n'était pas très fier ; il est vite reparti.

Nous avons échangé un regard avec maman. Les comptes en banque des Juifs étaient bloqués. Pour vivre à quatre, nous n'avions plus que ma minuscule paye d'interne à l'hôpital Rothschild. Environ 500 francs par mois, quand le kilo de beurre peut atteindre les 200 francs au marché noir. Elle me permet de tenir trois ou quatre jours, et encore, toute seule.

Mais pas pendant un mois entier, et avec deux enfants en pleine croissance.

Ma mère prend une grande inspiration. Elle a toujours vécu dans l'aisance, sans aucun souci matériel, et pourtant cette nouvelle situation est loin de la faire paniquer. Après tout, elle a quitté le confort de la Tunisie pour rejoindre son mari, en pleine guerre. Les difficultés sont d'ordre matériel. Alors, nous les résoudrons matériellement.

Du jour au lendemain, son visage a changé.

Je lui découvre un nouveau regard, plus dur et plus résolu. C'est peut-être celui de son père, Moïse, arrivé pauvre comme Job en Tunisie et qui y a fait fortune à la force du poignet. Et ce regard me dit beaucoup de choses : on va se battre. Je vais sortir ton père de là, et toi, tu vas m'aider. Guerre ou pas guerre.

8

L'étoile

Maintenant, maman me consulte pour les décisions importantes. À commencer par celle du logement. Avec cette concierge collabo, l'appartement du quatorzième arrondissement est devenu trop dangereux. Il faut partir au plus vite. Elle m'explique que papa avait prévu notre fuite depuis quelque temps déjà : il a loué autre chose avenue Hoche, pas très loin de l'endroit où il travaillait jusqu'alors. Mais son internement-surprise a contrarié le départ.

Il avait même prévu un complice dans l'immeuble : monsieur Drogue, un ancien combattant, sous-officier d'active à la retraite, avec qui il s'entend parfaitement. Nous lui expliquons la situation et il accepte aussitôt de nous aider. L'opération est planifiée en deux temps : un soir très tard, nous déménageons le plus de meubles possible dans deux chambres de bonnes, au dernier étage. Le lendemain dans la matinée, profitant de l'absence de la gardienne – partie à la chasse au ravitaillement –, nous filons avec nos bagages sans laisser d'adresse. La vieille carne en sera pour ses frais, question curiosité. Elle ne saura pas où nous habitons.

Monsieur Drogue nous promet de nous faire parvenir le courrier et, surtout, de nous informer des éventuelles démarches de la police à notre encontre.

Le déménagement ne change rien à notre quotidien. Je suis les cours à la fac, rue Cuvier, et tous les jours je me rends à Rothschild, où j'apprécie de plus en plus le petit groupe que nous formons autour de mademoiselle Damangout, Gougoutte. La plupart sont des internes, comme moi ; nous sentons que quelque chose nous rapproche, peut-être la même révolte, la même envie de faire quelque chose.

Sans que rien soit formulé, bien sûr.

Je côtoie régulièrement une jeune femme d'une trentaine d'années, Juive, célibataire, qui travaille ici depuis des années : Claire Heyman. C'est l'assistante sociale de l'hôpital, assez proche de Gougoutte, mais elle ne se mêle pas pour autant à notre petit cercle, dont le quartier général est le labo du service de pharmacie. C'est une personne grande et mince, toujours élégante, les longs cheveux assez clairs, d'humeur égale, toujours souriante, mais d'une extrême réserve.

En la voyant, il est impossible de se douter de quoi que ce soit à son propos, et j'aurais certainement été très surprise si l'on m'avait dit qu'elle s'apprêtait à devenir le cerveau d'un réseau d'évasion, une chef de guerre clandestine. Nous ignorons aussi que cette guerre contre les nazis a commencé depuis plusieurs années, depuis la Nuit de cristal très exactement, en 1938, ce gigantesque pogrome déclenché par les nazis après l'incendie du Reichstag.

Un certain nombre d'organisations juives avaient alors conduit le sauvetage d'orphelins vers la France. Claire Heyman y avait pris sa part. Je suppose que son cœur saigne en voyant le sort qu'on réserve aux Juifs étrangers, en France cette fois. Lorsqu'ils sont arrêtés, certains doivent abandonner des enfants, qu'il faut bien prendre en charge. Elle est déjà en première ligne, prête à agir et à nous entraîner.

D'autant que l'étau se resserre.

Au printemps, les autorités françaises nous ont préparé une nouvelle humiliation, bien pire que toutes les précédentes. La nouvelle a fait le tour de l'hôpital en un éclair. Nos visages sont défaits, incrédules. Décidément, ça ne s'arrêtera jamais.

Je rentre à la maison, où m'attend ma mère, le visage pincé, comme si elle se sentait personnellement insultée.

— Je suppose que tu sais, me dit-elle.

— Oui, j'ai entendu.

Rien qu'à en parler, j'ai des larmes dans la voix, une boule au ventre.

— Nous n'avons pas le choix, Colette. Je vais me renseigner à la mairie pour savoir où les trouver, ces étoiles. Tu m'aideras à les coudre, on doit en mettre sur tous les vêtements.

Quelques jours plus tard, séance de couture, en silence. Je passe le fil sur les bords d'un tissu de carré jaune vif où apparaît l'étoile de David en traits noirs. En grosses lettres vaguement gothiques, le mot JUIF.

Moi qui n'ai jamais aimé coudre…

Les règles sont très strictes : l'étoile doit être solidement cousue et bien visible sur le côté gauche de la poitrine. Interdiction de la dissimuler. Interdiction absolue de ne pas la porter, sous peine d'arrestation ou de déportation. Nous sommes coincés pour de bon.

Bijou m'observe, curieuse.

— C'est pour les enfants aussi ?

— À partir de six ans, oui.

— Et à l'école aussi ?

— À l'école aussi. Mais puisque tu n'y vas pas, à l'école…

Depuis le déménagement, nous avons pris la décision de ne plus scolariser ma petite sœur, même si elle a neuf ans. Instinctivement, maman a compris qu'il vaut mieux être le plus discret possible. Maurice, lui, continue le lycée. Je sens ses yeux sur moi, alors que maman coud son étoile. Il est pâle, silencieux, les mâchoires serrées.

Le lendemain, je marche à pas lents, et souvent les regards convergent sur moi. J'arrive à la station de métro, les joues brûlantes. Ce premier trajet est une horreur, et cette fois je n'ai plus le choix : les Juifs n'ont droit qu'à la voiture de queue. Je me laisse tomber sur la banquette avec l'impression d'avoir couru un marathon. Nous sommes cinq ou six avec nos étoiles jaunes, à nous regarder en chiens de faïence. Une vieille, un monsieur à la tête d'employé, une maman et son fils aux prunelles claires et aux joues tachetées de son. Le métro démarre, mes yeux se perdent dans l'obscurité bruyante du tunnel.

Mélange de honte et de rage, mais mes cris s'étranglent dans ma gorge. À quoi peuvent-ils servir ?

Tous les Français n'approuvent pas. Je sens parfois des coups d'œil peinés, honteux. Ça ne se fait pas. Ce n'est pas la France. D'autres nous toisent avec condescendance, une satisfaction méchante. Ceux-là, je les fusille du regard.

Un jour, un vieux monsieur entre dans la voiture des Juifs, un vieil homme très digne, très bien habillé, très décoré. Un notable très *vieille France*. Il ne porte pas d'étoile.

— Ah ! s'exclame-t-il d'une voix forte. Enfin, un endroit propre. C'est le seul endroit de cette rame où on se sent bien !

Et puis il s'est assis, toujours très digne. J'ai des frissons et des larmes de reconnaissance.

À la faculté de médecine, deux camarades, les frères Bourguignon, sont venus me trouver dès les premiers jours.

— Colette, me dit l'aîné, il faut que tu nous trouves une étoile à nous aussi. On veut la porter avec toi.

Surprise, j'ai refusé avec la dernière énergie :

— Il n'en est pas question. Il y a des gens qui l'ont fait et ils ont été embêtés.

Ce sont des histoires qu'on entend ici ou là, personne ne sait si elles sont vraies. En signe de protestation, de jeunes gens aryens – les non-Juifs dans la ridicule dialectique nazie – ont arboré l'étoile jaune avec diverses inscriptions : *catholique*, *protestant*, *zazou* ou encore *papou* ou *swing*. Il paraît qu'on les a arrêtés, ce qui n'est pas surprenant, car les nazis n'ont aucun sens de l'humour.

Pourtant, les Bourguignon insistent.

— Tant pis, on s'en fiche. On veut une étoile !

— Non. Il ne faut pas !

— Très bien, comme tu veux. Mais dans ce cas, on t'accompagne.

À partir de ce jour, les deux frères Bourguignon ont été mes deux gardes du corps à la faculté. Je n'y ai jamais eu de problèmes.

Cette nouvelle *décoration* à peine inaugurée, je passe mes examens de fin de deuxième année. J'ai beaucoup travaillé et j'entre, tremblante, dans le grand amphithéâtre lambrissé de chêne. Il y a trois examinateurs, un président de jury et deux autres assis. Je dois avoir la moyenne pour passer. L'un d'eux m'appelle :

— Mademoiselle Brull !

Je m'avance devant lui.

Il me pose une question de bactériologie assez banale, mais ne me laisse pas le temps d'ouvrir la bouche.

— Vous ne savez rien. Je vous mets zéro.

Je lis sur ses traits une délectation mauvaise. Il apprécie la situation. Quel plaisir d'humilier une petite étudiante juive ! J'ai comme un hoquet de surprise. Il en profite pour m'intimer l'ordre de me retirer en m'interdisant à nouveau la parole.

On pouvait encore se rattraper devant le président. J'attends donc la fin des examens sur un banc dans le couloir, la gorge nouée. S'ils sont tous comme lui, je peux dire adieu à mes études de médecine.

La mine hermétique, le président me fait entrer. Lui aussi examine mon étoile, mon dossier. Il soupire. Il va me donner le coup de grâce, c'est sur l'instant ma conviction.

— Alors, comme ça, vous avez eu zéro, me dit-il. Vous n'avez rien su ?

Je me redresse, encore sous le coup de la colère.

— Non, ce n'est pas ça. L'examinateur m'a empêchée de répondre et il m'a mis zéro.

Le président soupire. Observe à nouveau ce carré de tissu jaune sur ma poitrine. Puis réfléchit quelques instants avant de reprendre la parole. Peut-être qu'il cherche un autre moyen, un moyen plus subtil de m'enfoncer un peu plus. Mais non :

— Pouvez-vous me dire quelle était la question posée ?

Je lui donne le thème. Il soupire encore une fois avant de me donner la parole. Cette fois sans m'interrompre. À la fin de cette session, il me met 9 sur 10 – note visiblement surévaluée – et me salue avec un bon sourire.

— Vous êtes admise en deuxième année, mademoiselle.

Nous ne sommes pas totalement seuls.

— Colette, je dois vous parler, m'a dit Jacques.

Depuis quelques jours, il semble renfermé, mais cela ne m'a pas inquiétée outre mesure. Qui pourrait se sentir heureux dans notre situation ? Après le service, nous nous réfugions dans un bistrot, à deux pas de l'hôpital.

— Je ne porterai pas l'étoile.

— Oui, j'ai bien vu que vous ne la portiez pas. Mais vous feriez mieux de faire attention. Si vous êtes arrêté, ils pourraient vous envoyer à Drancy.

— Ce n'est pas ce que je voulais dire. Je ne

porterai pas l'étoile, parce que je pars en zone libre. Est-ce que… ? Est-ce que… vous voudriez venir avec moi ?

Je ne m'y attendais pas ; mon rythme cardiaque s'est accéléré. Il n'y a pas de façon plus claire de me dire qu'il tient à moi, qu'il n'envisage plus son existence sans penser aussi à la mienne.

— Non, Jacques, il n'en est pas question. Mon père est à Drancy. Maman est seule avec mon frère et ma sœur. Je ne peux pas les laisser. Vous comprenez ?

— Je m'en doutais, répond-il simplement. Mais moi, je ne reste pas. Nous n'avons plus rien à faire ici.

Nul doute qu'il parle de l'hôpital, qui ressemble de plus en plus à une prison. Peut-être qu'il a raison, qu'il faudrait fuir. Peut-être que, si j'étais seule, je l'accompagnerais, car je sens déjà qu'il va me manquer.

— Ma sœur aînée est déjà en zone non occupée. Je la rejoindrai avec maman.

— Vous savez comment vous y prendre ?

Les Juifs commencent à fuir Paris, en masse. L'étoile est une menace sérieuse, nous sommes fichés, et les étrangers sont internés. Ceux qui ont de l'argent prennent le train vers le sud, cherchant partout des combines pour passer la ligne. Les plus riches ou les plus malins ont des faux papiers. Nombreux sont ceux qui partent à l'aventure, la peur au ventre, comme Jacques.

— Il y a tout un tas de systèmes pour passer la ligne, me dit-il. J'ai un peu d'argent, je trouverai bien.

Nos yeux se croisent à nouveau. Je tente de respirer calmement. Je ne veux pas pleurer devant lui.

— Tout ça finira bien un jour, me dit-il. Et puis on s'écrira.

J'ai déjà vu ces cartes, le seul moyen autorisé pour s'envoyer du courrier entre zone occupée et zone non occupée. Ce sont des cartons préremplis, où il faut rayer les mentions inutiles :

• *en bonne santé*
• *fatigué*
• *légèrement, gravement malade, blessé*
• *tué*
• *prisonnier*
• *décédé*
• *sans nouvelles*

Et ainsi de suite sur une douzaine de lignes.

On peut envoyer ses *affectueuses* pensées ou ses *baisers*, ajouter deux lignes à la main et signer. Toute carte dont le libellé n'est pas strictement d'ordre familial sera détruite. D'après certains amis, il est possible d'en dire un peu plus grâce à des mots codés, convenus à l'avance. Pauvres stratagèmes qui ne mènent pas bien loin.

Nous nous séparons le cœur serré. Il s'est retourné pour me lancer un dernier signe, avec peut-être un sourire, mais déjà je ne vois plus son visage. Puis il disparaît pour de bon, dans l'ombre du trottoir.

Nous avons échangé deux ou trois cartes interzones, et je n'ai plus eu de nouvelles.

À l'hôpital les étoiles fleurissent, une espèce d'épidémie bizarre de tissu jaune sur nos blouses immaculées. Blouses blanches, étoiles jaunes. Certains portent des exemplaires en celluloïd, histoire de respecter les règles d'hygiène.

Quelque chose a changé, dans nos regards, mais pas seulement. Les malades et les opérés qui arrivent des différents camps nous décrivent des conditions de détention très dures. La plupart de ces lieux ont été conçus dans la plus grande improvisation, comme à Drancy, où les détenus ont commencé par dormir à même le béton, sans chauffage, sans hygiène, à peine alimentés. Dans les premières semaines, une trentaine d'entre eux sont morts d'épuisement ou de maladie. Ça s'est un peu amélioré, nous racontent-ils, mais tout le monde continue à souffrir de la faim, du froid et de toutes sortes de carences. Il y a vingt robinets pour plusieurs milliers de détenus, la dysenterie, la vermine, les poux, les punaises, le désespoir de ne pas savoir ce qui vous attend. La Croix-Rouge a pu installer une permanence ; c'est là que nous envoyons les colis à papa.

Outre le port imposé de l'étoile, deux circonstances nous font peu à peu penser différemment. D'abord, les attentats contre l'occupant, qui se multiplient depuis l'invasion de l'URSS, et sont systématiquement suivis d'exécutions d'otages français. Or, ces derniers sont souvent prélevés parmi les Juifs internés à Drancy ou ailleurs. Chaque prisonnier risque donc en permanence d'être fusillé.

L'autre chose, très inquiétante, ce sont ces déplacements de Juifs par le train : au mois de mars, un premier convoi est parti du camp de Royallieu, celui où mon père avait été interné au départ. Personne ne connaît la destination. Les *déportés* seraient envoyés aux travaux forcés dans des sortes de colonies de peuplement. Des kibboutz, en somme, mais pas vraiment ceux dont nous rêvions. Au début, j'ai cru que ces camps se trouvaient en Normandie, ou quelque part ailleurs en France, mais ce n'était qu'un bobard. En fait, les trains partent vers l'est. En Allemagne ? Plus loin, en Pologne ?

Personne ne sait.

Ainsi, nos priorités basculent à l'hôpital : à présent, nous faisons en sorte de garder le plus longtemps possible les malades internés de Drancy. C'est le meilleur moyen de leur éviter le retour au camp, et donc une éventuelle déportation. Il n'y a ni mot d'ordre ni consigne, mais cela me semble évident, à moi comme à mon petit groupe d'amis. Plus tard, je comprendrai que tout est venu de Claire Heyman. Dès les premiers départs en train, elle a dû réfléchir, élaborer des solutions, sans doute réactiver ses contacts, ceux qu'elle avait créés quatre ans plus tôt, pour accueillir et placer les Juifs allemands en exil après la Nuit de cristal.

Mais très vite, nous réalisons que tout le monde ne joue pas le jeu.

Meyer[1], le patron du service de chirurgie, est mort de trouille. Une fois rétablis, les malades de son service doivent immédiatement regagner Drancy. Pas question de les garder, ne serait-ce qu'une minute de plus.

Un jour, les policiers ont ramassé dans la rue un pauvre Juif sans papiers, à moitié mort de faim et

1. Le nom a été modifié.

dévoré par les poux. On l'a soigné, récuré et remis sur pied en deux temps trois mouvements. Pourtant, les flics à l'entrée s'étaient montrés conciliants. Le renvoyer à Drancy ? Rien ne presse…

— Gardez-le encore un peu, ça va se tasser. Personne ne le réclame, vous comprenez ?…

Connivence sans ambiguïté, qui signifie : gardez-le au chaud, ce pauvre type. Avec un peu de chance, on devrait pouvoir le relâcher dans quelques jours. Car même chez les policiers, tout le monde n'est pas d'accord avec ces internements et ces déportations.

Mais Meyer ne l'entend pas de cette oreille. Mis au courant, il monte sur ses grands chevaux :

— Ah non, je ne veux pas d'histoires ! On le soigne et on le rend à la police.

Le bonhomme a été rendu au commissariat. Et sans doute interné dans un camp.

L'histoire a fait le tour de l'hôpital.

Chez lui, en chirurgie, un séjour pour appendicite dure cinq jours, alors qu'il pourrait en prendre au moins huit. Même tarif pour toutes les autres opérations. Et d'ailleurs, tous les internes qui tentent de lui faire prolonger les hospitalisations sont éconduits.

— Je ne veux pas d'histoires, répond systématiquement Meyer. C'est non.

— Mais il n'est pas en état…

Il n'examine ni le malade ni son dossier. *Il ne veut pas d'histoires*, un point, c'est tout.

— Pas en état, pas en état, qu'est-ce que ça veut dire ? Est-ce qu'il a de la fièvre ou des complications ?

— Non, mais enfin, il est faible…

— Je vous ai déjà dit non. Pas d'histoires dans mon service. Il est opéré, qu'est-ce que vous voulez d'autre ?

— Il n'est pas cicatrisé...

Le chef de service se raidissait, les traits amincis par la colère et par la peur.

— Bien sûr qu'il n'est pas cicatrisé ! Il cicatrisera plus tard et on lui fera ses pansements et ses soins à Drancy, comme les autres. Cinq jours, c'est cinq jours. Il est sur les listes de départ, alors, pas d'histoires ! Il repart !

Il tournait le dos et la conversation s'arrêtait là.

Il faut mettre au point des parades. Souvent, les jeunes internes de son service viennent nous voir, désespérés, et nous les aidons tant que nous pouvons.

— On vient de faire une opération du bassin. Il doit sortir dans deux jours.

— Comment il est ?

L'interne en chirurgie fait la moue.

— Bien. Tout s'est bien passé, c'est un costaud. Je lui ai dit de ne pas trop avoir l'air en forme, mais tu connais Meyer... Je vais quand même lui dire qu'il y a une complication.

On marche sur la tête : nous nous inquiétons quand une convalescence se passe trop bien, que la cicatrisation est trop rapide. C'est mauvais pour le malade. Il faut le sortir du service au plus vite.

— Une complication, surtout pas, dis-je. Meyer va s'inquiéter et il va vouloir mettre son nez dedans. Je serais plutôt pour lui dire qu'il y a un risque de pneumonie. Comme ça, il sortira de chirurgie. Je vais en parler à Gougoutte. Toi, parles-en à Leibovici. Il va nous la trouver, la pneumonie.

Leibovici, c'est un médecin roumain, l'un des internes les plus expérimentés en chirurgie. Un garçon de confiance, qui comme nous cherche à prolonger les séjours.

Un coup d'œil autour de nous dans le couloir. C'est la vie normale, des infirmières qui passent entre les pavillons, les bras chargés de flacons, des visiteurs, certains avec l'étoile jaune.

Nous sommes quelques-uns à ruser – sans avoir la moindre idée de ce qui se passe à l'arrivée des trains, à Birkenau ou ailleurs. Une pneumonie, c'est quelques jours de répit, et peut-être aussi l'occasion pour ces internés de contacter des membres de leur famille restés libres, de leur demander d'entamer des démarches pour leur libération.

Sur le moment, nous en voulons beaucoup à Meyer. Quand même, il est juif comme nous, pris au piège, confronté aux mêmes brimades et aux mêmes malheurs. À la fin de la guerre, certains s'en sont pris à lui. Il avait été *dégueulasse*, il n'avait jamais essayé d'aider ceux qui résistaient, même pas un peu. Il fallait le punir.

Mais je n'ai pas témoigné contre lui. Le punir de quoi ? D'avoir eu peur ? Combien de gens faudrait-il punir ?

Heureusement, tout le monde ne réagit pas comme lui. Même surveillés de très près par les nazis et leurs auxiliaires, d'autres chefs de service se font nos alliés, détournant pudiquement le regard lorsque certains malades s'attardent sans raison. Ainsi Isch-Wall, mon supérieur, ou encore Walther, le patron de la maternité, Nora ou Worms.

Je pense à papa, bien sûr. À Drancy, il risque à tout instant d'être fusillé comme otage ou d'être déporté. Affreuse incertitude, qui me réveille parfois la nuit.

Nous en parlons longuement, maman et moi : et si on essayait de le faire hospitaliser à Rothschild ? Une fois sur place, on pourrait peut-être faire jouer nos relations, le faire libérer pour raisons de santé ?

Notre plan tourne court : papa est désespérément en bonne santé.

C'est du moins ce que nous croyons.

En quelques semaines, des liens indéfectibles nous unissent, comme entre compagnons de combat. Il y a ceux qui détournent les yeux et ne font rien, ceux qui ont peur, en qui l'on n'a pas confiance, devant qui l'on ne parle pas. Et les autres, ceux qui agissent et prennent des risques. On ne se dit rien, on ne sait pas ce que font les autres ; tout passe par des mots qui nous échappent, par le regard ou par des attitudes.

Autour de Gougoutte, nous sommes un groupe de cinq ou six. Je me suis rapprochée de Simon Schwartz, un interne en pharmacie, les cheveux bruns en bataille, des lunettes en écaille qui lui donnaient un air d'Harold Lloyd. Son père a disparu, ce qui a plongé leur famille dans de terribles difficultés, comme la mienne. Ils n'ont rien à manger. Je suis aussi devenue très amie avec Lison, une laborantine de mon âge, et d'un autre interne nommé Spiegelman. Seul un médecin est admis dans notre cénacle, Hirsch-Marie, le médecin-chef du labo.

Nous nous retrouvons souvent en salle de garde pour ce que l'intendance appelle le déjeuner. De tous les hôpitaux parisiens, Rothschild est le dernier – et le plus mal servi. Et ça se voit dans les assiettes. La viande, c'est une fois par semaine et elle est toujours infecte. Souvent, il s'agit de *poumon de bœuf*, un morceau d'œsophage agrémenté d'alvéoles qui flotte dans une sauce à l'eau.

Nos estomacs se révoltent et nous nous délectons – en pensée – de *vrai chocolat*, de *vrai beurre* ou de *vrai pain*, mets de rois dont le goût nous semble perdu à jamais. Et pour tenter de les oublier pour de bon, chacun se met à la cuisine à sa façon. Malgré le manque presque total de tout ingrédient, je me révèle d'ailleurs assez bonne cuisinière.

Mon chef-d'œuvre est le *pâté sans viande*, savante recette à base d'oignon bouilli et de levure malaxée.

— Ah ! le pâté sans viande de Colette ! s'exclament mes amis lorsque je leur apporte mon régal.

Et, des lueurs de plaisir au fond des yeux, nous dégustons mes étranges boulettes, recette incongrue que je n'ai jamais osé reproduire depuis.

Je revois le laboratoire, devenu notre quartier général, les fioles vides, le décor de carrelage blanc. À part Gougoutte et le docteur Hirsch-Marie, nous avons tous la vingtaine, et nous nous sentons assez en confiance pour parler en petit comité de la guerre. Pour l'instant, c'est parfaitement déprimant : les nazis triomphent partout. Certes, ils n'ont pas réussi à débarquer en Angleterre, ni pris Moscou, mais leurs armées occupent toute l'Europe et une partie de l'Afrique, où ils viennent de s'emparer de Tobrouk.

Leurs alliés japonais ont détruit la flotte américaine à Pearl Harbor, désastre au goût de cendre : si les Américains sont écrasés avant même d'entrer dans la danse, c'est vraiment la fin de tout.

— Il paraît qu'ils vont débarquer en Australie.

— C'est pas encore fait. Les boches n'arrêtent pas de dire qu'ils vont prendre Moscou et Leningrad, mais on attend toujours. Le père Staline n'a pas dit son dernier mot.

— Ouais. Eh ben, il serait temps qu'il se mette à causer, ton Staline.

Ça a beau être formellement interdit, nous écoutons tous Radio Londres.

— Vous avez entendu ? Il paraît que les forces françaises de De Gaulle ont battu les Allemands en Libye.

— On a entendu, ce n'est pas la peine de parler aussi fort.

— À Bir Hakeim, précise le premier.

— Ils ne les ont pas battus, les boches, ils les ont juste retardés. J'ai cru comprendre qu'ils sont quand même passés et que Rommel sera bientôt au Caire.

— Il n'y est pas encore. On verra.

En parlant, nous ne relâchons jamais la garde, surveillant régulièrement le couloir.

Les discussions durent des heures, sous le regard bienveillant de Gougoutte. Le plus étonnant dans cette affaire, c'est que tout le monde a fini par participer au réseau d'évasion des enfants, mademoiselle Damangout la première.

Mais jamais à un instant nous n'avons parlé.

Ni pendant ni après la guerre.

9
Misère

Depuis l'emprisonnement de papa, la situation est devenue très dure. Non seulement nous n'avons pas de rentrées d'argent (mis à part mon minuscule revenu d'interne), mais en plus les Allemands ont encore durci les lois contre les Juifs.

Interdiction de posséder un poste de radio ou une bicyclette. *Verboten*[1] le téléphone à la maison et les cabines publiques, les musées, les piscines, les restaurants, les jardins publics. Plus le droit de changer de résidence.

Couvre-feu obligatoire de huit heures du soir à six heures du matin.

Un jour, deux policiers sont venus saisir le seul vélo de la famille, celui de Maurice. Je leur ouvre, ils m'expliquent l'affaire d'un ton un peu sec. Je me redresse, encore plus sèche.

— Désolée, mais on l'a déjà *volé* avant vous.

Comme ils me dévisagent, interloqués, je leur explique que mon frère s'est fait dérober sa bicyclette un mois plus tôt, devant la maison.

1. « Interdit » en allemand.

— Vous pouvez vérifier : nous avons fait la déclaration à votre commissariat.

Ils font demi-tour, l'épaule basse.

Mais ce n'est pas le pire.

Un jour de juillet, j'apprends, indignée, que nous n'avons plus droit aux mêmes horaires que les autres pour faire nos achats. Les courses, ce sera uniquement entre quinze et seize heures.

La nouvelle me paraît tellement énorme qu'il me faut une bonne journée pour y croire. Mais c'est vraiment ce que le gouvernement nous impose. Rien ne les arrête, aucune bassesse, aucune cruauté. C'est quasi une condamnation à mourir de faim. Ma mère, si fière, n'arrive pas à me cacher sa détresse.

— Tu te rends compte ? Les gens font la queue à huit heures du matin. À midi, il n'y a plus rien dans les magasins. Qu'est-ce que tu veux que je trouve à trois heures !

Et bien entendu, impossible d'y couper : la mention JUIF apparaît en gros sur nos tickets de rationnement.

Je tente de rassurer maman, qui se tord les mains.

— Il y a le marché noir, non ?

— Mais avec quel argent, Colette ? Avec ta paye ? On tient deux jours avec ça.

— Il faut piocher dans les économies. Papa avait bien des économies, non ?

Elle secoue la tête.

— On n'a pas le droit d'y toucher. Tous les comptes en banque sont bloqués.

— Alors, quoi ? Qu'est-ce qu'on fait ?

À mon tour, j'accuse le coup. Maintenant, nous avons le couteau sous la gorge. Je pense à Maurice et

Bijou, leurs mines d'enfants mal nourris, leur désappointement quand maman remplit leur assiette, le soir. Que va-t-on leur donner à manger ? Faut-il fuir Paris ? Mais pour aller où ? Et avec quel argent ? Et cela voudrait aussi dire qu'on abandonne papa, qu'on ne croit plus à sa libération, qu'il partira par le train, lui aussi.

Je suis tellement sidérée que je remarque à peine la main de maman posée sur mon bras.

— Ne fais pas cette tête. Il y a peut-être une solution.

Je la vois pointer le doigt sur le reste de l'appartement, baigné dans une demi-pénombre.

— On a des choses à vendre. Certains meubles valent un peu d'argent, et ton père avait des collections de bronze. Seulement, c'est interdit d'aller au mont-de-piété[1], il faudra faire autrement.

Un ami de mon père, monsieur Beau, a acheté – au juste prix – un petit tableau du dix-septième siècle appartenant à mes parents, ainsi qu'un buffet Louis XIV, tout cela d'une très grande valeur.

Il a tout payé en argent liquide, mais le pactole n'a duré que quelques semaines.

Ensuite, tous les dix ou quinze jours, maman me donne des couverts en argent, des chandeliers, des plats ou de la vaisselle, n'importe quel objet de valeur, et je pars en chasse. Rien qu'en me voyant pousser la porte de leur boutique, et mon étoile sur la poitrine,

1. Le mont-de-piété de Paris (ou Crédit municipal de Paris) permet de déposer des objets en échange d'un prêt d'argent. Si le déposant ne peut pas rembourser au bout d'un certain temps, le bien est vendu aux enchères.

les commerçants comprennent ; je ne suis pas la seule à Paris. La plupart du temps, ils m'entraînent dans l'arrière-boutique, où je sors mes petites affaires.

Parfois, l'examen est superficiel, quelques secondes à peine. D'autres fois, le commerçant prend quand même la peine d'examiner le poinçon sous sa loupe.

— Je vous en donne cinquante francs.

— Cinquante francs ? Mais ce sont des couverts en argent. Ils sont presque neufs !

— C'est tout ce que je peux vous donner. Et encore, je suis gentil : à ce tarif-là, je vous fais encore une fleur.

En moyenne, mes acheteurs me proposent un prix dix ou quinze fois inférieur à la véritable valeur. Aucun moyen de discuter. Je me sens trop fière pour mendier, pour leur expliquer que, sans cet argent, deux enfants vont crever de faim. Et je devine aussi que cela ne servirait pas à grand-chose.

De toute façon, mes tentatives de négociation se terminent toujours de la même façon.

— Alors ? Vous vous décidez ? Je n'ai pas que ça à faire, mademoiselle.

Je ressors, la tête vidée, écœurée de honte et de colère. Comment font ceux qui n'ont rien ? Parfois, dans le métro, je vois des Juifs aux vêtements élimés, les yeux fiévreux, épuisés et apeurés, comme des animaux pris au piège.

Et je me dis que nous allons finir par leur ressembler.

Tandis que je cours les antiquaires et les brocanteurs, entre mes cours à la faculté et mes gardes à

Rothschild, ma mère continue à remuer ciel et terre pour essayer de faire sortir mon père de Drancy. Sans lui, nous ne tiendrons pas longtemps.

Elle tente de faire intervenir une avocate influente, membre de l'UGIF (Union générale des Israélites de France[1]). Aucun résultat. Elle me parle souvent d'un des anciens élèves de mon père, Georges Lamirand, devenu ministre de la Jeunesse du gouvernement Pétain[2].

— Nos familles sont restées très proches, essaye-t-elle de se persuader. Tu te souviens que Yoyo et toi avez été ses demoiselles d'honneur à son mariage ?

— Bien sûr que je me souviens. Mais il ne te donne pas de nouvelles.

— C'est un homme bien et il aime beaucoup ton père. Il a promis de nous aider. Je suis sûre qu'il va le faire.

Mais l'influence de Lamirand semble assez peu déterminante. Pire : nous apprenons qu'une campagne de presse le vise dans *Le Pilori*, un torchon antisémite du moment. Les journalistes prétendent que Lamirand

1. L'UGIF, Union générale des Israélites de France, représentait les Juifs auprès des autorités depuis novembre 1941. Elle était contrôlée par le Commissariat général aux questions juives, et son rôle a été controversé, on lui reproche ainsi d'avoir laissé à la merci des nazis les enfants et les orphelins dont elle était chargée et qui auraient pu être mis à l'abri.

2. Georges Lamirand (1899-1994) a été secrétaire d'État à la Jeunesse du gouvernement de Vichy du 27 septembre 1940 au 24 mars 1943. Lors de son procès en 1947, il bénéficie d'un non-lieu. Il a protégé des Juifs et aurait tenté de convaincre Pétain de joindre l'Afrique du Nord lors de l'invasion de la zone non occupée. Il sera longtemps maire de La Bourboule.

couche avec la mère et la fille d'un youpin auquel il s'intéresse. Il n'y a pas de nom, mais c'est nous que l'on vise, évidemment. Il semble que papa a des ennemis puissants.

Alors, nous tentons le tout pour le tout.

Depuis que mon père est interné à Drancy, nous avions le droit de lui écrire – quinze lignes, pas plus, systématiquement lues par les gardiens. Mais il avait trouvé une parade dès son premier courrier.

Voici ce qu'il m'avait alors écrit :

Que Colette me fasse faire immédiatement le collyre, dont j'ai absolument besoin pour mes yeux. Ce sera bon pour ce que j'ai. Voici la formule…

Suivait un composé chimique qui ne correspondait pourtant à aucun médicament. Et d'ailleurs, mon père ne portait pas de lunettes.

— Je ne comprends pas, s'était inquiétée ma mère. Il aurait attrapé mal aux yeux ?

— Ça ne correspond pas à un médicament. Demain, je demanderai au laboratoire.

À l'hôpital, le lendemain, on me confirme en effet qu'il ne s'agit pas d'un produit médical. Quelques jours passent avant que je comprenne :

Besoin pour mes yeux… Bon pour ce que j'ai…

Une formule d'encre sympathique ! Je la fais fabriquer, ce qui donne un liquide transparent et sans odeur. J'écris quelques lignes avec une plume. Les mots sont invisibles, mais, en chauffant le papier, on les voit apparaître en bleu. Après quelques essais peu concluants sur papier blanc, qui laissent des traces, j'obtiens un résultat tout à fait acceptable sur papier d'emballage marron.

Grâce à ce collyre unique en son genre, nous avons pu correspondre avec mon père. La lettre autorisée, celle qui est ouverte, égrène des banalités. Le vrai courrier est écrit à l'encre sympathique sur l'emballage du colis. Très rapidement, il est question d'évasion.

Papa connaît notre situation. Il sait qu'on ne va pas tenir longtemps sans lui ; il faut qu'il nous rejoigne.

Les immeubles HLM de Drancy, en forme de U, sont cernés de barbelés et flanqués aux angles de quatre miradors. Mais mon père, ancien combattant des tranchées, a vite repéré une faille : un angle mort, où les fils de fer sont relativement faciles à couper, à condition de disposer d'une pince à barbelés, bien sûr introuvable sur le camp.

Je suis chargée de me la procurer. Sur les conseils de mon père, j'approche monsieur Drogue, notre ancien voisin du quatorzième arrondissement.

— Je vais la trouver moi-même, cette pince, ce sera plus simple, me dit le vieux sous-officier. Revenez dans une semaine.

Et une semaine plus tard, il me fournit l'outil.

Nous pouvons passer à la phase suivante.

Deux fois par semaine, ma mère apporte un colis à Drancy. Il est impossible de voir les détenus puisque les dépôts se font dans la baraque de la Croix-Rouge à l'entrée, sous l'œil attentif de gendarmes. Mais il paraît que certains d'entre eux ferment les yeux et laissent passer des objets interdits (sauf des armes, évidemment), pour peu qu'on leur graisse la patte.

Encore aujourd'hui, j'ai du mal à imaginer la scène : ma mère, toujours parfaitement digne et élégante, sans une once de vulgarité, soudoyant en catimini un soldat de garde...

Je ne sais comment elle a fait, mais en tout cas, elle l'a fait.

Dans le courrier suivant, papa nous informe à l'encre sympathique qu'il a bien reçu la pince emballée dans son papier et que c'est bien l'outil qu'il lui fallait. Je dois maintenant trouver une planque pour lui et ses quatre complices. J'ai pensé à ma tante, qui possède une garçonnière rue de La Michodière.

Mais je déchante vite.

— Je ne veux pas d'ennuis, m'explique-t-elle d'un air embarrassé lorsque je viens la voir. Tu me comprends, n'est-ce pas ?...

Oh ça, oui, je la comprends. Ils sont très nombreux en ce moment, ceux qui *ne veulent pas d'ennuis*. Même quand il s'agit de leur propre famille.

Je la quitte, furieuse. Et nos ennuis à nous, alors ?

Je me souviens alors d'un photographe du quartier. Il m'avait abordée deux ou trois jours après l'arrestation pour me faire part de son indignation. Lui aussi était un ancien combattant ; on n'avait pas le droit de jeter derrière les barreaux les braves gens comme ça, pour rien. Si j'avais besoin de quoi que ce soit, m'avait-il dit, je pouvais compter sur lui.

Je pousse donc un soir la porte vitrée de sa boutique pour lui exposer mon projet, le cœur battant, mal à l'aise. Cet homme inspire confiance, mais que pense-t-il vraiment ? Et s'il avait peur, s'il n'était pas sincère ?

Il m'écoute jusqu'au bout, attentif.

— Votre père est un homme bien, un ancien combattant comme moi, me dit-il. Je vous avais dit que vous pouviez compter sur moi. Eh bien, vous pouvez compter sur moi. Ne bougez pas.

Il décroche une petite clé suspendue à un clou, près du comptoir, et me la tend.

— Voilà pour vous et votre père. J'ai un atelier au fond de la cour. Il ne me sert à rien. Venez, que je vous montre.

Je le suis, la gorge serrée. Pour accéder, c'est vraiment tout simple. Presque trop beau. Il me raccompagne jusqu'à la sortie et me serre la main.

— Faites attention à vous, mademoiselle, me dit-il.

Et je dois faire un effort pour retenir mes larmes.

Le soir prévu, je quitte notre appartement pour Drancy avant l'heure du couvre-feu. Où vont tous ces gens, autour de moi dans le métro ? Pour une fois, je ne voyage plus dans la voiture de queue : j'ai choisi des vêtements sombres dont j'ai décousu l'étoile jaune, je porte un sac rempli de vêtements de rechange ; enfin, je me suis munie d'argent, de tickets de métro, et bien sûr de la clé de l'atelier du photographe.

J'arrive à Drancy vers huit heures du soir. Autour de moi, des ouvriers rentrent chez eux. Il fait assez bon, tout est calme. Le jour tombe lentement, mais j'attends qu'il fasse tout à fait noir pour me glisser jusqu'à l'endroit que mon père m'a indiqué sur un plan. J'ai déjà repéré les lieux quelques jours plus tôt, une rue étroite qui tient un peu du terrain vague, à proximité de l'enceinte de barbelés. Je me glisse au sol sous des fourrés, le cœur au bord des lèvres.

Il est onze heures du soir et je somnole vaguement, tous les sens aux aguets. Si je suis prise, on comprendra tout de suite. Complicité d'évasion, violation du couvre-feu et du port obligatoire de l'étoile, je risque gros. Heureusement, aucune patrouille ne passe dans la nuit.

Papa a prévu d'agir vers quatre heures et demie du matin, juste avant la fin du couvre-feu, à cinq heures. À ce moment-là, il y a déjà du monde dans les rues, les premiers travailleurs ; lui et ses compagnons n'auront qu'à tranquillement prendre le métro en se mêlant à eux.

La nuit passe lentement. Minuit, quatre heures, cinq heures. J'entends Drancy qui s'éveille, les oiseaux commencent à chanter. Un beau matin de printemps. Six heures. Six heures et demie, toujours rien.

Je finis par me lever, la tête vide, totalement ankylosée. Le jour est revenu.

Je reprends le métro, remplie d'amertume. Si un plan aussi bien préparé échoue, rien d'autre ne réussira.

Mon découragement n'a pas duré : l'humiliation quotidienne, l'injustice, les discriminations, les figures des malades internés, celles toutes pâles de ma petite Bijou et de Maurice, que ma mère parvient à peine à nourrir, les misères de Drancy, les otages fusillés, mon père interné sans raison, tout me met en furie, dans le sens premier du terme. Et c'est un excellent moteur dans la vie.

Comme de Gaulle à Londres, nous sommes un certain nombre à ne plus vouloir subir. Ma colère est plus forte que ma peur. Et pourtant, je sais ce que nous risquons, je l'ai découvert un jour à l'hôpital en voyant arriver un groupe de policiers français.

Ils accompagnent des brancardiers, qui allongent avec mille précautions une forme qui ressemble à un cadavre. Dans la salle, personne ne dit rien et ils repartent, laissant à l'entrée un homme de garde. On me fait signe : je dois m'occuper de lui.

Le nouveau venu repose sur son lit de la salle d'examen, l'œil vague, ne voyant ni n'entendant rien autour. Le spectacle est épouvantable : son âge est impossible à déterminer ; on ne reconnaît pas non plus ses traits. Son visage n'est que déchirures et plaies, lèvres fendues, les arcades sourcilières ont éclaté, laissant de longues traînées noirâtres de sang séché sur les joues, jusqu'aux épaules. Une infirmière est venue m'aider. Elle me tend des tampons et du désinfectant, mais je ne sais pas par où commencer.

— On doit le déshabiller, me propose-t-elle, la voix serrée.

Travail de cauchemar. La chemise en lambeaux est collée par endroits à cause du sang coagulé. Son corps est couvert de blessures et d'hématomes. Pas un endroit n'a été épargné. Il a certainement plusieurs côtes cassées.

Chaque fois que nous l'effleurons, il gémit sourdement, mais ses paupières restent closes.

Je finis mes soins, le cœur tremblant, sans qu'il se réveille.

— C'est la Gestapo, m'apprend Gougoutte, qui dans l'après-midi a remarqué mon abattement.

— Un Juif ?

— Non, même pas. Je ne comprends pas ce qu'il fait là d'ailleurs. J'ai l'impression que les flics ne savaient pas quoi faire de lui. Ça doit être une erreur d'aiguillage. Enfin, pour l'instant, il reste là. Il est intransportable.

Ce mot-là commence à être connu : Gestapo, la police secrète allemande. De terribles rumeurs courent : torture, coups, disparitions. Quand ils veulent vous faire parler, ils vous plongent dans une baignoire d'eau glacée jusqu'à ce que vous ayez l'impression de mourir.

Certains malades viennent aussi de la caserne des Tourelles, boulevard Mortier dans le vingtième. Des résistants sont internés là. Beaucoup portent des ecchymoses, les dents, les doigts cassés. Rien qu'à les voir, on se sent à leur place et l'on est rempli de terreur.

Que se serait-il passé si on m'avait surprise, à Drancy ? Si on m'avait cassé les côtes, les dents, frappée dans le buste et dans le ventre ? Aurais-je donné le nom de monsieur Drogue, du photographe ? Aurais-je dit pour l'encre sympathique, pour le gendarme soudoyé à l'entrée ? Je chasse ces pensées terribles. Et pour m'en défaire complètement, je me dis que ça ne peut pas m'arriver.

Je ne serai pas prise, c'est tout.

L'homme torturé a passé une première nuit à Rothschild sans se réveiller.

Deux jours plus tard, je découvre l'hôpital en pleine ébullition. Des flics courent partout, de pavillon en pavillon. Une vision qui me réjouit tout en m'inquiétant.

J'interpelle mademoiselle Damangout :

— Qu'est-ce qui se passe ?

— Le blessé a *disparu*, me répond-elle avec un air entendu. Tu ferais mieux de ne pas traîner là : les flics sont furieux.

En effet, on les entend interroger du monde, à l'étage au-dessus. Nous nous sommes discrètement éloignées et nous avons repris nos tâches.

Mais le regard de Gougoutte m'a mis du baume au cœur : il me dit très clairement que cet homme n'a pas disparu, mais qu'il s'est évadé. Et forcément avec des complicités à l'intérieur de l'hôpital, vu l'état dans lequel il se trouve. C'était une petite victoire, mais je ne cherchai pas à en savoir plus.

Je n'ai appris la vérité, du moins une partie, que longtemps après la guerre. L'homme, un militant communiste arrêté et tabassé par la Gestapo, avait joué la comédie en faisant semblant d'être inconscient. En même temps, il entrait en contact avec Weissman, un interne communiste lui aussi (chose que bien sûr à l'époque j'ignorais absolument), et Dupont, le pharmacien. Ils avaient aidé leur camarade à s'enfuir durant sa deuxième nuit à l'hôpital.

Les policiers n'avaient pas poussé bien loin leurs recherches parce qu'ils étaient en faute : jamais en théorie cet homme n'aurait dû passer par Rothschild ; ils préféraient donc ne pas trop faire de vagues.

Ce qu'ils ne savaient pas, c'est que cette évasion-là serait la première d'une longue série.

10

Vél'd'Hiv

Ce matin, l'avenue Hoche resplendit sous le soleil. Les marronniers s'agitent à peine dans l'air immobile, sous un ciel d'un bleu parfait, s'alignant jusqu'à l'Arc de triomphe, de part et d'autre des immeubles en pierre de taille. Pour éviter de voir le drapeau écarlate à croix gammée qui flotte en haut, je m'engouffre vite dans le métro, dans la voiture des Juifs. On s'habitue à tout, même à ça.

Comme chaque jour, je passe devant le poste de garde et je file au vestiaire pour enfiler ma blouse blanche avec l'étoile jaune, puis je salue mes collègues. Dès avant dix heures du matin, les premières rumeurs courent :

— Il paraît qu'on arrête tous les Juifs, me dit un interne au détour d'un couloir.

Je réponds d'un sourire incertain :

— Si on arrête tous les Juifs, j'aurais dû être arrêtée et toi aussi, non ?

Les fausses nouvelles sont notre pain quotidien. Un jour, on apprend la chute de Moscou, un autre, la démission de Pétain, et mille autres sottises qui ne font qu'épaissir le brouillard dans lequel nous vivons en permanence. Parfois, on y croit presque, parce que ça fait plaisir ou que c'est amusant. Plus rarement, l'information est vraie.

— Ce n'est pas ça que je veux dire, me répond mon interlocuteur. Ils arrêtent *tous* les Juifs. Les hommes, les femmes et les enfants.

C'est tellement incroyable. Ça ne peut être qu'une blague – une atroce blague –, mais l'air sérieux de mon collègue me frappe. Il n'est pas du genre crédule, mais plutôt calme et rationnel.

— Les gens doivent préparer leurs valises ; ensuite, ils les font monter dans des bus. Il paraît qu'il y a plusieurs lieux de rassemblement dans Paris. C'est une grande rafle. Il n'y en a jamais eu comme…

Il laisse sa phrase en suspension. Que veut-il dire ? Qu'on raflerait tous les Juifs, même les femmes et les enfants ? Même les Français ? Dans ce cas, maman, Maurice et Bijou pourraient être arrêtés, eux aussi. Ma gorge se serre. Mais non, c'est impossible : Pétain a promis qu'il protégerait *tous* les Français, Juifs y compris. Et tandis que cette pensée me traverse, je me souviens aussi des discours de mon père contre lui, la vieille baderne, l'ami des antisémites.

Nous reprenons nos soins, la tête encombrée de questions. Si c'est vrai, s'il y a vraiment plusieurs lieux de rassemblement, c'est en tout cas le signe que la rafle est d'une ampleur inédite. Dans la matinée, les doutes ne sont plus permis. Nous apprenons que des centaines et des centaines de gens ont été arrêtés partout à Paris. Le Marais, le douzième, le vingtième.

C'est un visiteur qui nous l'apprend.

— Ils prennent tout le monde, les femmes et les enfants. Il paraît qu'on les emmène au Vél'd'Hiv.

Les rumeurs s'accumulent, les témoignages plus ou moins directs. Le Vél'd'Hiv, c'est le vélodrome d'hiver, un grand stade couvert du quinzième arrondissement de Paris, tout près de la Seine. Je n'y ai jamais mis les pieds, mais je sais que c'est là qu'on organisait, avant la guerre, la fameuse course cycliste de six jours de Paris. Combien sont-ils là-bas ?

Une émotion m'étreint. Des femmes et des enfants, des vieux, terrible nouveauté. Impensable. Cela veut dire que les Allemands nous mentent depuis le début. Ils nous disaient qu'ils déportaient les Juifs pour les faire travailler. Dans ma grande sottise, incurable optimiste, j'avais voulu croire qu'ils partaient pour la Bretagne ou la Normandie pour cultiver des champs. D'abord, j'ai dû me rendre à l'évidence : ces camps ne sont pas en France, mais très loin vers l'Est. L'autre vérité éclate ce jour-là sous mes yeux : les Juifs ne partent pas *pour travailler*.

Quelles tâches pourraient effectuer des femmes et des enfants, des vieillards ?

Ils nous mentent.

Ça n'a aucun sens.

Un autre visiteur nous apprend qu'il y a eu des suicides. Des femmes se seraient jetées du haut de leur immeuble avec leur bébé dans les bras. Des vieux auraient préféré mourir que de quitter leur domicile. D'après ce visiteur, un certain nombre d'agents de police ont prévenu les familles en douce, parfois depuis hier. Des gamins se cachent, à la grâce de Dieu. Des familles se retrouvent dispersées, coupées en deux, en trois.

Le jour avance sous un soleil au zénith. Une bonne partie des treize mille personnes arrêtées s'entasse au Vél'd'Hiv ; ces gens sont empilés comme des vieux habits qu'on voudrait détruire. Des nourrissons, des femmes ou des enfants seuls, des vieillards, des hommes dans la force de l'âge, des femmes sur le point d'accoucher, des malades. Des milliers de vies qui s'interrompent brusquement.

Deux jours plus tard, des médecins de l'hôpital, Hesse et Leibovici, sont enfin autorisés à se rendre sur place. Ils reviennent le soir, épuisés, les traits décomposés. Ils n'ont rien pu faire.

— Ils sont des milliers, nous dit Leibovici, sous le choc. Je n'ai jamais vu ça…

D'habitude, l'interne en chirurgie a un accent charmant qui lui fait rouler les « r ». Là, il bute sur les mots et son visage se crispe, et de grosses larmes d'enfant triste se mettent à couler.

— Il n'y a rien. Ils n'ont rien à manger, rien à boire. Ils leur avaient dit de prendre deux jours de nourriture, mais… Je ne pensais pas… Tout le monde est assis n'importe où, dans les gradins ou sur la pelouse. Tout le monde crie, les femmes et les gosses. Il n'y a qu'un robinet et une toilette pour tout le monde. Évidemment, elles se sont bouchées, avec tous ces gens. Tout le monde fait partout, c'est affreux. L'odeur… Comment on peut… ? Je ne comprends pas…

Entre deux sanglots, il nous décrit l'apocalypse. La verrière du plafond décuple la chaleur, les appels se succèdent sous les milliers d'ampoules allumées nuit et jour, dans un vacarme assourdissant, une odeur épouvantable de déchets, d'excréments. Le premier soir, ils ont éteint les projecteurs, la foule paniquée a hurlé, comme si le cauchemar devenait collectif, comme si l'angoisse était contagieuse, une affreuse angoisse de mort. Des dizaines de personnes ont tenté de mettre fin à leurs jours en se jetant du haut des balustrades. Certains se sont ratés, il y a eu des fractures assez graves. Des enfants se sont perdus dans la foule, des femmes ont accouché sur les gradins, d'autres sont devenues hystériques, toujours dans cette chaleur de fournaise. Des familles abruties de faim, des vieux presque impotents partaient on ne sait où en autocar. Tout autour, il y avait des centaines de gendarmes et de policiers, avec deux ou trois barrages qui bloquaient tout.

— Il y a je ne sais pas combien de malades, nous dit Leibovici. Beaucoup de déshydratés, des infectieux, des femmes enceintes, des crises de nerfs. Il y a bien une tente de la Croix-Rouge, mais aucun matériel. Rien du tout. Qu'est-ce qu'on aurait pu faire, nous ?

Il nous raconte que des pompiers sont arrivés, une petite escouade qui venait porter secours. Comment une poignée d'hommes pourraient en aider huit mille sans rien dans les mains ? Ils avaient sorti une lance à incendie pour tenter de donner un peu d'eau à ces gens, de les laver un peu de leur crasse.

Puis il se tait un long moment. Nous sommes plusieurs à pleurer.

— Mais enfin, pourquoi ils font ça ? demandai-je. Pourquoi ils prennent les femmes et les gosses ?

— Les policiers disent que les Allemands ne veulent pas séparer les familles. Ils ont pris les hommes. Maintenant, ils prennent tout le monde en même temps.

Quatre jours après ces événements, nous avons vu les premiers malades arriver à l'hôpital. Un nouveau choc, violent : ils sont une vingtaine, dont des enfants, mais surtout des vieillards, vieillards déshydratés, mourants. Ils ne peuvent même plus marcher, brancardés qu'ils sont dans un début de coma, repoussants de saleté.

On me confie un vieux couple, ils sont inconscients. Immédiatement, je comprends qu'il n'y a plus rien à faire pour eux. Pourquoi les avoir arrêtés, ces deux-là ? Pourquoi vouloir les enfermer, les envoyer je ne sais où ? Quel mal ont-ils fait ?

J'essaye de leur faire avaler de l'eau.

— Ouvrez les lèvres, monsieur. S'il vous plaît. Ouvrez les lèvres.

Une infirmière m'aide à tenir la tête de l'homme, mais c'est peine perdue. Il n'a plus la force de boire.

— Ça ne va pas, souffle l'infirmière. Il faudrait peut-être un remontant ?

Le vieux a le regard éteint. Il sent la sueur, ses vêtements sont souillés. Des mains de travailleur, noueuses et désormais arthritiques, d'une pâleur bleutée. D'où vient-il ? De Pologne, de Russie, de Roumanie comme mon grand-père Abraham ? Je serre les dents en essayant de ne pas y penser.

Je prends conseil auprès d'un médecin, qui navigue entre les lits entassés pour accueillir ces naufragés.

— Je ne sais pas. Essayez un lavement, ça fera entrer un peu de liquide.

À ma figure effarée, il comprend aussitôt, crispe les lèvres dans une expression d'impuissance.

— Bon, essayez quand même de l'hydrater. Et faites-lui prendre un peu de Coramine si vous en trouvez.

Il se remet à la tâche. Le service est débordé ; lui aussi a ses urgences.

Je me suis démenée pour trouver le produit, un stimulant cardiaque. La dose est insuffisante, mais je n'aurai rien d'autre. L'infirmière m'aide à lui donner dans un verre d'eau. Nous en renversons les trois quarts.

Je suis désemparée, avec l'envie à la fois de sangloter et de hurler.

Lui et sa femme ne sont plus capables d'avaler quoi que ce soit. Pendant un jour ou deux, je les vois dépérir.

Puis ils meurent, et quelques autres aussi.

La grande rafle a soulevé des protestations publiques, des prêtres ou des évêques ont pris la parole en pleine église. On va trop loin avec les Israélites, ce sont nos frères. Aurait-on oublié toute charité, toute morale chrétienne ?

La plupart des Juifs ont compris, surtout les étrangers, dont le souvenir des pogromes est plus frais : les Allemands sont passés à la vitesse supérieure. Beaucoup cherchent à s'enfuir ou à se cacher par tous les moyens. Les Français sont plus hésitants, certains se croient à l'abri, protégés par notre grand maréchal. Ils vivent au grand jour, arborant l'étoile presque fièrement, absurdement confiants vis-à-vis de ces gens qui nous haïssent, de toute évidence.

Depuis Drancy, mon père a assisté à la tragédie, vu arriver ces familles, ces femmes et ces enfants. Pour lui, plus de doute : il faut décamper, disparaître.

Je dois ici faire un petit retour en arrière.

Après ma nuit dans un terrain vague, à côté du camp de Drancy, je suis rentrée à la maison désespérée et surtout dévorée d'inquiétude. Que s'est-il passé ? Pourquoi papa n'est-il pas venu ? A-t-il été dénoncé ? Déporté ? Pris comme otage et fusillé ?

Pendant quelques jours, nous avons imaginé le pire. Maman a envoyé un colis, avec l'habituel message à l'encre sympathique, et nous avons reçu la réponse. Il est bien vivant, toujours en bonne santé.

Tout était prêt, nous explique-t-il, lui et ses compagnons bien décidés à agir au moment convenu. Mais leur plan s'est effondré à la dernière seconde : alors qu'ils quittaient la chambrée, peu avant l'aube, les autres prisonniers les en avaient empêchés. Ils ne voulaient pas d'ennuis. Mon père avait bien tenté d'insister, mais rien à faire : la peur des représailles était trop forte. S'il s'obstinait à vouloir s'évader, lui et ses compagnons, ils alerteraient les gendarmes.

Alors, ils étaient restés, la mort dans l'âme.

La pilule était amère, mais c'était un soulagement malgré tout : papa n'est toujours pas déporté. Il reste une chance, même si j'y crois de moins en moins.

Mais, de sa prison, il insiste pour que nous fuyions. Il en donne l'ordre à maman par le canal habituel :

Ne vous occupez plus de moi, partez tous. Rejoignez Yoyo là où elle est. Je me débrouillerai.

Là où est Yoyo, c'est-à-dire à Tunis.

Je regarde ma mère. Le papier kraft tremble entre mes doigts. Sans que nous échangions un seul mot, nous sommes d'accord : pas question d'obéir. Au fond, nous sommes tous pareils chez les Brull : de vraies têtes de mules.

— J'ai bien l'intention de le faire sortir, répète-t-elle encore une fois, comme pour se forcer à y croire. Georges Lamirand est un chic type. Il a toujours bien aimé ton père. C'est un de ses anciens élèves. Il a dit qu'il nous aiderait et je suis sûre qu'il le fera. Il faut essayer.

Maurice approuve gravement, Bijou aussi. Nous restons, je suis cent fois d'accord. Et d'ailleurs, nous n'avons pas d'argent ; alors, où irions-nous ? C'est quand même très risqué. Beaucoup de Juifs en fuite se font prendre en essayant de traverser la ligne. Ils se retrouvent dans des camps d'internement dans le Sud. Ensuite, ils sont déportés.

Depuis la grande rafle, le rythme des convois vers l'Est s'est brusquement accéléré. Il en part presque tous les jours depuis Drancy (peut-être aussi des camps du Loiret). Et tout le monde prend le train : femmes, enfants, adultes, vieillards. Tout ça est un plan minutieusement préparé, nous sommes enfermés dans une nasse et nous tournons en rond, affolés, nous heurtant à ses mailles invisibles.

Au moment de m'endormir, certaines nuits sont menaçantes. Je ne me sens plus à l'abri nulle part. L'immeuble est silencieux, mais je sais qu'au moindre bruit de pas dans l'escalier, nous serons tous levés. Je redoute les contrôles dans le métro, les contrôles à l'hôpital, les contrôles à Drancy, pour papa. Maurice n'est pas plus en sécurité lorsqu'il se rend au lycée, ni Bijou qui pourtant passe ses journées ici, ni maman quand elle court après la nourriture.

La peur est notre compagne. Elle nous suit pas à pas, nous enserrant chaque jour plus fort entre ses griffes.

Le soir, au labo, nous échangeons des bribes d'informations sur ces convois, cette menace de chaque instant.

— Ils font des appels pour le prochain départ. Ceux qui sont désignés doivent faire leurs bagages, nous explique Gougoutte, qui a un laissez-passer pour Drancy. On les isole dans leur quartier pendant la nuit. Le lendemain, il y a un rassemblement dans la cour, on les compte, ils montent dans des autobus. Ensuite, ils vont à la gare du Bourget, mais pas celle des voyageurs, une gare de triage un peu à l'écart. Là, ils sont à nouveau comptés.

Je demande :

— Et on ne sait toujours pas où ils vont ?

— Non. Les SS disent qu'ils partent travailler à l'Est et qu'il y aura des représailles si quelqu'un s'évade. Ensuite, ils les font monter à au moins cinquante dans des wagons prévus pour quarante. Il paraît qu'il n'y a même pas d'ouverture. Parfois, ils sont plus : soixante, quatre-vingts ! Et les trains démarrent le matin.

Nous échangeons des regards, atterrés. Les conditions de voyage sont terribles : il n'y a que deux bassines par wagon, une remplie d'eau, l'autre pour les besoins. Gougoutte n'a pas réussi à savoir si on distribuait du ravitaillement au départ, mais on imagine la réponse. Et l'on se doute aussi que les déportés ne seront pas mieux traités une fois arrivés.

Je murmure :

— Les femmes et les enfants sont à part ?

Ses yeux se remplissent de larmes. Elle secoue la tête.

— Tout le monde est mélangé : les femmes, les enfants, les vieux. Ils sont tellement serrés que personne ne peut s'asseoir. Et le voyage dure au moins deux ou trois jours. Enfin, si c'est la Pologne comme on dit…

— C'est affreux…

— Oui… Oui, c'est affreux. On n'y peut rien.

Les Allemands nous mentent. Pourquoi réduire les fractures, soigner les ulcères et les appendicites, pourquoi faire accoucher les femmes et soigner les petits vieux, pour ensuite leur faire subir ce traitement ?

À quoi sert l'hôpital ?

Pendant un long moment, personne ne parle. Beaucoup d'entre nous ont de la famille ou des amis à Drancy. Moi, c'est mon père. Chaque matin, il doit trembler intérieurement au moment de l'appel. Un jour peut-être, il entendra son nom…

L'idée m'est insupportable, mais je ne peux rien.

Le seul endroit où je puis agir, c'est ici, à l'hôpital : retarder le retour des malades vers Drancy, le plus longtemps possible. Je ne sauverai peut-être pas mon père, mais j'en sauverai d'autres.

Par tous les moyens.

Nous y sommes prêts maintenant.

11

Disparitions

Pourtant, la pression s'accentue sur Rothschild. Nous sommes une annexe de Drancy, on nous le rappelle à chaque instant. Les Allemands ne plaisantent pas avec cet hôpital, qui leur hérisse le poil. Pour eux, tous les Juifs malades sont des simulateurs. Depuis quelques mois, c'est un nazi fanatique qui dirige Drancy, un certain Dannecker[1]. Il affame les détenus, à les faire crever de faim, s'oppose presque systématiquement à toute hospitalisation même pour des quasi-mourants.

Il a fait entourer d'une enceinte de barbelés les pavillons où se trouvent les internés. Régulièrement, il réclame leur retour à Drancy, c'est obsessionnel. Un jour, comme il exige le renvoi de six malades internés sur dix, le directeur tente de lui résister. Il insiste : tout séjour prolongé et injustifié aura de graves conséquences aussi bien pour les patients que pour

1. Capitaine SS, adjoint d'Eichmann et de Heydrich, il est responsable de la question juive en France de septembre 1940 à août 1942.

le personnel hospitalier, éructe-t-il dans un français heurté.

Et ce ne sont pas des menaces en l'air.

Un soir, après le service, je croise dans la salle de garde Leibovici. La mine défaite, il tient à peine sur ses jambes. Toute la journée, il y a eu des rumeurs d'une visite de Dannecker à l'hôpital. Il me confirme l'information, et pour cause : il a été en première ligne.

Ce type est la caricature du nazi, me dit-il, la voix encore enrouée : uniforme sombre impeccable, hautes bottes de cuir fin, casquette à tête de mort, et surtout cette espèce d'acharnement imbécile, toujours vociférant. Il était arrivé le matin sans crier gare, accompagné d'un interprète. Déjà hystérique.

— Un fou, me dit Leibovici, encore sous le coup de la terreur. Un fou en uniforme.

Son tout premier geste avait été de gifler le flic au poste de garde. Lequel n'avait pas protesté, évidemment, ce qui en dit long sur notre servitude.

— J'étais dans la cour, me dit Leibo. Il est venu droit sur moi et il m'a donné des coups de botte.

Je le regarde, effarée.

— Oui, des coups de botte. Je n'avais rien fait, je ne l'avais même pas vu. Il a demandé à voir mon service ; alors, je l'ai conduit. Lui, il me suivait en hurlant après moi comme un putois. Une fois en chirurgie, il a demandé à voir le patron, mais tu connais Meyer…

Je réponds d'une moue fataliste.

— Évidemment, il m'a dit qu'il ne pouvait pas venir et que je n'avais qu'à faire la visite moi-même. La première chose qu'il voit, c'est un type à qui il manque un bras, un ancien de 14. Il avait mis sa veste par-dessus ses épaules, sa veste avec la Légion d'honneur. Dannecker s'est mis à brailler et il lui a flanqué deux gifles. Et le type est tombé par terre. Ensuite, il a voulu voir tous les malades un par un. Je lui montre une appendicite. « Elle est guérie, celle-là ! Elle doit retourner à Drancy ! » Il hurlait. « Mais la dame sort à peine de son intervention. Ça fait deux jours. » « Et alors ! Ma secrétaire a été opérée de l'appendicite, elle aussi. Huit jours après, elle était au travail ! » Et il a arraché le pansement. « Voilà, elle est guérie, maintenant. Faites-la revenir à Drancy. » J'ai été obligé de remettre la dame sur la liste. Plus loin, un homme venait d'être opéré de l'estomac deux jours plus tôt. Dannecker était hors de lui : « Et alors ! On peut vivre sans estomac ! *Un Juif peut vivre sans estomac !* »

Leibovici reprend son souffle, la gorge sèche. Moi-même, j'ai du mal à réaliser que tout ça est vrai, que ça s'est vraiment passé ici, dans un hôpital. Toute la visite a été un cauchemar, Dannecker toujours plus furieux à chaque pas.

— À un moment, je m'approche d'un malade à qui j'avais retiré un ganglion. Il me demande ce que c'est. J'ai eu une inspiration. Je lui ai dit : « Tuberculose. » Il m'a flanqué un coup de botte comme si les bacilles allaient lui sauter à la figure, j'ai failli tomber. « Approchez pas, sale Juif ! Reculez ! » J'avais trouvé. On est allés à la salle du haut, et là, je n'ai trouvé que des tuberculeux. C'est drôle, hein ?

Leibo arbore un sourire fin, auquel je réponds. La suite avait été beaucoup moins drôle. Sans doute échaudé par cette brusque épidémie (les Allemands avaient la terreur des maladies contagieuses), Dannecker avait fini sa visite en fixant durement Leibo.

Puis il avait sorti son pistolet et l'avait pointé sur lui. Sans un mot.

À nouveau, la voix de l'interne tremble.

— J'ai vraiment cru qu'il allait me tuer, murmure-t-il. J'avais l'impression d'être attaché à un poteau. Il me regardait comme quelqu'un de déjà mort, je l'ai vu dans ses yeux. Puis il est sorti lentement à reculons, comme s'il allait tirer quand même. Quand il a été parti pour de bon, les malades sont sortis de leur lit pour venir m'embrasser la main. « Pourquoi ? Je n'ai rien fait », leur ai-je dit. « Parce que Dannecker, c'est un fou. À Drancy, il sort parfois son revolver et il en tue un ou deux comme ça, pour rien. »

Le lendemain de la visite, un car de police était arrivé, rempli de policiers en armes. Les patients repérés par Dannecker étaient plusieurs dizaines, des éclopés, pâles, certains encore brûlants de fièvre. Ils sont repartis à Drancy. Les prisonniers de la caserne des Tourelles ont été emmenés ailleurs, personne ne sait où. Et maintenant, dans certains services, tous les lits sont vides.

— Même les flics avaient les larmes aux yeux, m'a raconté un témoin de la scène. Ils ont dû aider des malades à grimper dans les camions.

Trois semaines plus tard, Samy Halfon, le directeur, disparaît à son tour. Comme je m'en inquiète, Gougoutte m'apprend qu'il a été interné à Drancy.

— Pendant sa visite, Dannecker lui avait demandé des comptes au sujet des malades, me dit-elle. Il n'a pas voulu lui répondre : il a évoqué le secret professionnel. Il paraît que Dannecker criait tellement que ça s'entendait jusque dans la cour. Quand il a reçu sa convocation pour Drancy, certains lui ont dit de ne pas y aller, mais il est parti quand même.

Leibovici s'en est mieux sorti.

Quelque temps après, en pleine consultation, il reçoit un appel de la standardiste : deux agents de police se sont présentés à l'entrée. Ils viennent le chercher dans son pavillon. Leibo laisse tout sur place et descend au sous-sol, où un couloir souterrain communique avec les autres services. De là, il gagne la sortie.

Nous ne l'avons pas revu.

J'ai l'impression de vivre un cauchemar. En apparence, rien n'a changé à Rothschild, à part ces barbelés. Mais l'établissement s'est transformé en quelque chose d'angoissant et presque de terrible, comme si l'horreur qui commence en Pologne, et que certains subodorent, déteignait jusqu'ici, sur nos bâtiments et dans nos âmes.

Et pourtant, l'hôpital est là, en plein milieu de la ville, au vu et au su de tous. Et personne ne se doute de ce qui s'y passe.

Un soir, au moment du Vél'd'Hiv, en arrivant à l'appartement, j'ai vu un couple de dentistes que mes parents fréquentaient avant la guerre. Car, malgré les privations et nos misères, ma mère continue à faire bonne figure, à recevoir du monde. Notre vie ne s'est pas totalement arrêtée.

— Quelque chose ne va pas, mademoiselle ? Vous avez l'air bouleversée, me fait remarquer la dame.

Rien qu'à la façon dont elle m'a posé la question, je suis hors de moi. Mais après tout, ils ne sont pas censés savoir ce que j'ai vu. Je prends donc sur moi et leur raconte d'une voix terne ce dont j'ai été témoin. Maman écoute, la mine grave. Eux hochent la tête, incrédules. Naïvement, j'ai pensé qu'ils allaient être scandalisés comme moi.

Après un petit silence, à la fin de mon récit, la dame reprend la parole :

— Allons, mademoiselle, tout de même. Déporter des gens malades ? Vous êtes sûre que vous n'exagérez pas un peu ?

Je la dévisage d'un œil sombre, comme si je venais de me prendre une gifle. Comment ose-t-elle ne pas me croire ? Ma mère tente un geste d'apaisement, mais je n'y prends pas garde.

— Non, je n'exagère pas, dis-je d'une voix blanche. Ces gens ne sont pas en état d'être déportés, je suis interne, je le sais. Mais ils sont déportés. C'est ce qui se passe.

Lui était en beau costume, bien habillé, tranquille comme Baptiste avec son petit ventre rond, elle avec ses bijoux et ses cheveux bouclés, ses joues bien remplies et sa bouche fardée. Tranquilles, sûrs d'eux, aveugles et stupides.

— Enfin, fait l'homme, ce sont des bobards. Vous n'allez pas nous faire croire ça, mademoiselle.

Il me sourit avec un soupçon de condescendance. De stupeur, je ne trouve plus mes mots, je me lève et je tourne les talons.

Chaque matin, je pars pour l'hôpital, la peur au ventre, avec l'impression d'aller affronter des monstres. On m'aurait donné une bombe, je l'aurais jetée sans hésiter sur les boches, et tant pis si je sautais avec. Mais on ne m'en donne pas. Faute de bombes, je me bats à ma façon.

Drancy a beau réclamer sans cesse ses malades, les Allemands et leurs sbires ont beau nous surveiller, nous multiplions les ruses pour leur mentir, pour leur voler ces femmes et ces hommes qu'ils veulent déporter, dévorer.

Nous truquons les diagnostics, nous décelons des complications, des tuberculoses. Les SS ne sont pas médecins, après tout. Et quoi de plus illisible qu'une radio des poumons, pour un néophyte ?

En chirurgie – à l'insu de Meyer qui continue à mourir de peur –, on intervient sur certains détenus pourtant guéris. Une résistante en parfaite santé est ainsi opérée pour appendicite. En vain : elle est déportée quelques jours plus tard sans avoir trouvé le moyen de s'échapper pendant sa convalescence.

Il faut sauver les bébés, ceux de la maternité, et ils sont nombreux.

Le patron, le docteur Walther, avait obtenu de l'ancien directeur que les mères restent six mois pour allaiter leurs nouveau-nés. J'apprends qu'un nombre anormalement élevé de nourrissons est déclaré mort-né.

Ils sont déclarés mort-nés, mais ils sont bien vivants.

Tout se fait dans le plus grand secret. Je suppose que quelqu'un approche ces mères, leur explique qu'elles peuvent éviter la déportation à leur enfant, mais qu'elles doivent pour cela s'en séparer. La plupart acceptent probablement, déchirées. Qui ne le ferait pas pour la chair de sa chair ? On leur a trouvé des points de chute, de la famille. Mais ils ne prendront pas le train.

Les bébés partent vers une destination inconnue.

On dit qu'ils sortent le soir par la porte de la morgue, opportunément restée ouverte sur la rue Santerre, et qui n'est pas surveillée.

Cette porte de la morgue, par laquelle je suis finalement passée, moi aussi.

12

Les enfants

Le jour de la rafle, j'ai vu passer quelques petits malades, des enfants souffrant de rougeole ou de diphtérie. L'un d'eux, un petit garçon, porte un énorme bandage qui lui fait une tête d'œuf de Pâques au sourire contraint.

J'ai essayé de lui poser des questions, mais il ne répond pas.

— C'est à cause d'une femme au Vél'd'Hiv, me raconte l'infirmière. Elle est devenue complètement folle, elle l'a frappé sur la tête à coups de tessons de bouteille. Il avait la figure pleine de sang, le pauvre. Il n'a pas dit un mot depuis qu'il est arrivé. Je crois que ses parents sont dans un camp du Loiret.

Quel âge a ce gosse ? Trois ans, quatre ans ?

Accaparée par d'autres tâches, je ne m'en suis plus occupée. Parfois, je l'aperçois au détour d'un couloir, assis sur son lit. La taille de ses bandages diminue, il semble reprendre des forces et des couleurs. Et puis un jour, il n'est plus là. A-t-il été rendu à ses parents ?

Est-il possible que certains enfants *disparaissent*, comme les nourrissons de la maternité ? La question me brûle les lèvres, mais je ne veux pas la poser à Gougoutte. S'il a été sorti, je n'ai pas besoin de le savoir.

Un jour, je lui fais tout de même remarquer, comme par inadvertance, qu'on ne voit plus ce gamin avec ses contusions à la tête.

Une moue de doute. Elle paraît chercher dans ses souvenirs.

— Ah ! celui-là ? Je ne sais pas. Je suppose qu'il est guéri ?

Elle me sourit vaguement et continue son chemin. Je sens l'émotion me gagner. S'il avait été renvoyé vers ses parents, dans leur camp du Loiret, elle ne ferait pas cette tête, c'est sûr. Si elle se méfiait de moi, ç'aurait été une autre réponse plus évasive, quelque chose comme : « Je ne suis pas au courant… Il n'était pas dans mon service… »

À sa réaction, je devine qu'il a été extrait de l'hôpital, et pas pour retourner à Drancy : il est dehors, libre. Par quel moyen, elle n'a pas à me le dire. Mais je comprends qu'il y a un système, une organisation.

Deux ou trois jours après la rafle, j'ai remarqué une petite fille d'environ deux ans et demi, seule sur son lit à barreaux de fer, muette, les yeux grands ouverts sur les adultes qui passent sans la voir. Nos regards se sont croisés ; instantanément, j'ai pensé à Bijou, lorsque nous étions toutes les deux en Tunisie.

Très pâle, elle reste parfaitement immobile, comme quelqu'un qui a peur de déranger, d'être remarqué.

Je lui demande son nom.

— Danielle, me dit-elle d'une petite voix à peine audible.

Pour une enfant de son âge, elle s'exprime assez bien, mais très timidement, ses grands yeux remplis d'incompréhension et de toutes ces horreurs qu'elle a dû voir au Vél'd'Hiv.

J'apprends d'une infirmière qu'elle a été arrêtée avec ses deux parents et sa grande sœur, qui sont partis à Drancy sans elle.

— Mais tu vas les revoir, tu sais. Est-ce que tu as mal quelque part ?

La petite fille secoue la tête sans un mot. Puis tousse un peu, les yeux brillants.

— Ici, tu n'as rien à craindre. Tu verras, tout le monde va bien s'occuper de toi. Je suis sûre que tu reverras bientôt ton papa et ta maman.

En prononçant ces mots, je tente de faire bonne figure, mais mon cœur se serre. Au fond de moi, je sais qu'il vaut mieux qu'elle ne les revoie pas, ses parents. Cela voudrait dire qu'on l'a renvoyée à Drancy et qu'elle va prendre le prochain convoi avec eux. C'est sans doute ce qu'elle espère, revoir sa famille, mais il faut le lui éviter à tout prix.

Je porte la main à son front, sans doute trop brusquement, car elle fait un bond en arrière, les yeux écarquillés comme si j'allais la frapper. Elle tremble de tous ses membres. Tout doucement, je prends ses doigts. Notre espèce de conversation a quelque chose d'infiniment triste, peut-être parce que cette enfant me touche, que je devine que je vais l'aimer sans pouvoir m'en empêcher.

Elle est choquée, très faible, déshydratée. Depuis

son arrivée, elle refusait de parler et je suis la seule avec qui elle ait échangé quelques mots.

Je lui promets de repasser la voir.

Au fil du temps, Danielle revient peu à peu à la vie. Elle reprend des forces, parle à nouveau normalement. Au départ confinée à l'intérieur du pavillon, elle commence à sortir, bien que le froid de l'automne s'installe peu à peu. Personne ne la surveille vraiment, et, au bout de quelques semaines, elle va et vient dans les couloirs, comme une petite fille adoptée par l'hôpital.

Étrange situation, dont je me demande parfois comment il se fait que les Allemands l'ignorent. Ils ont voulu nous enfermer, sans penser que les murs nous protégeraient aussi de leurs regards.

En quelques semaines, la petite fille sait mon prénom, mais aussi tous ceux des infirmières et des médecins. Elle est toute petite, brune comme Bijou, un rire de cristal, le pas décidé mais maladroit d'une enfant pour qui le monde est immense. Quoi qu'elle fasse, elle me rappelle au plus profond de moi la petite fille que j'ai été. L'innocence, la pureté. Insouciance absolue du lendemain.

En me voyant arriver, elle me salue, me faisant comprendre que je suis quelqu'un pour elle, qu'entre nous deux rien ne se glissera, que nous serons toujours amies. Je me débrouille toujours pour lui apporter quelque chose, un petit bout de gâteau quand c'est possible, retrouvant les habitudes que j'avais avec Bijou, ces petits jeux qui nous faisaient tant rire.

Dans chaque enfant que j'ai soigné par la suite, j'ai

retrouvé son regard, cette confiance pure et la certitude naïve que les adultes vous aimeront et vous aideront. Chacun de ces instants est resté gravé dans mon esprit.

Je ne suis pas la seule à m'attacher à Danielle, qui devient un peu notre mascotte, l'enfant de l'hôpital, une fierté, la preuve vivante que nous faisons plus que notre métier, que nous arrivons à enrayer à notre façon la machine nazie. Progressivement, elle sort de la salle des prisonniers. Elle n'est pas la seule : il y a maintenant sept ou huit enfants en permanence. Certains, les plus petits, sont parfois promenés en poussette autour de l'hôpital. Mais Danielle est un peu à part. Les infirmières et les internes, même les flics de l'entrée, lui donnent à manger, jouent et plaisantent avec elle.

Il y a comme ça des enfants qui savent parler aux adultes.

Un jour, on m'accorde l'autorisation de la sortir, juste un après-midi. Je dois impérativement la ramener avant le dîner. Je la prends donc à part pour l'habiller. Elle se laisse faire comme une petite poupée de chiffon, les bras levés au ciel.

— On va où ?

— Je t'emmène chez moi. Tu verras, j'ai une grande sœur, elle s'appelle Sonia, mais on l'appelle Bijou. Tout le monde l'appelle Bijou.

— Elle est aussi grande que Céline ?

Céline, c'est sa grande sœur de cinq ans, toujours internée à Drancy avec ses parents.

— Non, elle est plus grande, elle a presque dix

ans. Mais tu verras : elle est très gentille. Tiens-toi bien droite, que je ferme ton manteau.

— Elle a dix ans ?

Danielle paraît toute rêveuse, comme si cet âge, dix ans, lui paraissait quelque chose de très étonnant, de presque inimaginable.

Puis nous sortons toutes les deux, main dans la main. Pour prendre le métro, il fallait longer la rue Santerre jusqu'à la station Bel-Air, monter les escaliers aux marches un peu trop hautes pour elle. Nous prenons la dernière voiture, réservée aux Juifs, puis c'est le trajet. Danielle pose des questions simples sur les gens, sur le ciel gris au-dessus de la rame, dans sa partie aérienne, sur le bruit des rails et des portières. Elle fait semblant de s'effrayer au fracas des roues dans le tunnel, et nous rions. Et je réponds à ses questions naïves sans trop réfléchir.

Nous avons goûté à la maison, pas grand-chose. Elle a vu ma mère, joué avec Bijou une partie de l'après-midi.

Plus tard, nous avons repris le métro, toutes les deux nous tenant la main.

Pendant le trajet, je regarde défiler les quais, les voies souterraines à l'odeur épaisse. Je ne suis pas la seule adulte à accompagner des enfants. Sans mon étoile, personne ne nous remarquerait, et je me dis que je pourrais filer vers la gare, monter dans un train vers le Sud, fuir avec la petite, passer la ligne et lui trouver une famille. Puis revenir.

Absurdes pensées, qui passent en un éclair. J'ai promis à Gougoutte de ramener Danielle à l'hôpital. Et Gougoutte répond de moi auprès de Claire

Heyman, l'assistante sociale. Je ne peux pas les trahir. L'administration de Drancy demanderait des comptes, et il y aurait des représailles. Et d'ailleurs, où irais-je, avec cette gamine de même pas trois ans, sans un franc sur moi ?

Et que deviendraient maman, Maurice et Bijou, papa ?

Nous rentrons à Rothschild. Et je repars chez moi, seule.

Au bout de quelques semaines, Céline, la grande sœur de cinq ans, est arrivée, elle aussi, souffrant d'angines à répétition. Rien de bien grave, d'ailleurs, et elle guérit rapidement. Mais nous la gardons avec sa sœur tout de même.

Elles sont bien mieux ici qu'à Drancy.

Entre deux services, je continue à m'occuper de Danielle, comme Bijou autrefois. Je suis sa petite mère, j'aime ses rires, ses naïvetés, ses questions et la façon qu'elle a de me sourire et de me tendre les bras. J'aime tout d'elle, comme on aime une enfant de bientôt trois ans. Et j'observe ses progrès, fière, attendrie, comme si elle était ma propre fille.

13

Clandestinité

L'été 1942 se termine doucement.

Dans nos échanges cryptés, sur le papier d'emballage des colis (de plus en plus légers, car nous sommes toujours plus pauvres), papa nous supplie de partir en Tunisie avec Bijou et Maurice, et de le laisser se débrouiller seul.

Pas question, même si parfois la pensée m'effleure que c'est de la folie, que nous espérons pour rien et qu'il ne sortira jamais. À d'autres moments, je me dis que nous n'avons pas le droit de renoncer. Et qu'après tout si par malheur il était déporté, nous pourrions toujours tenter de fuir ensuite par nos propres moyens.

Chacune de ses lettres me rend affreusement triste : je me sens coupable de l'échec de son évasion, même si je n'y suis pour rien. Heureusement, la détermination farouche de maman renforce la mienne quand elle chancelle. Mais son beau visage a pâli, elle paraît épuisée, passant l'essentiel de son temps à chercher de quoi nous nourrir tous les trois.

— As-tu eu des nouvelles de Georges Lamirand ?

— Je lui ai écrit au début du mois. Il m'a dit qu'il faisait tout ce qu'il peut. Mais tu sais... Il est ministre, il doit être occupé.

J'approuve du bout des lèvres.

— Bien sûr qu'il est occupé, mais il a dit qu'il aiderait papa.

— Il le fera, j'en suis sûre, mais il faut attendre.

Rien d'autre à dire. Nous savons bien l'une et l'autre que papa ne pourra pas rester éternellement dans sa chambrée, à guetter les appels. Un jour, il va descendre dans la cour, lui aussi, avec sa petite valise, et il va monter dans un wagon comme tout le monde. C'est une évidence.

Peu avant la rentrée, une mauvaise nouvelle – une de plus, mais à force on ne compte plus – nous tombe dessus.

— Le proviseur de Louis-le-Grand m'a convoquée au sujet de Maurice, me dit maman. Une histoire de comportement, mais je n'en sais pas plus. Je ne pourrai pas y aller, je dois essayer de trouver un peu de beurre. En tout cas, au moins de la margarine.

Trouver de la viande ou des œufs, c'est un exploit par les temps qui courent, un combat de titan, et j'admire son obstination. Ça signifie des heures de queue, souvent pour rien, puis la quête du Graal sur le marché noir, à prix d'or.

Je me rends donc au lycée à sa place.

Maurice est en première à Louis-le-Grand, au cœur du Quartier latin. J'arrive en haut de la rue Saint-Jacques, un peu inquiète. Jusqu'à maintenant, il a toujours été bon élève, très peu dissipé. Quelle histoire va encore nous tomber dessus ?

Le bureau du proviseur se trouve dans les étages du majestueux bâtiment en pierre blanche, dominant une cour plantée de marronniers. En cette fin de vacances, elle est d'un calme absolu, uniquement troublée par le chant des oiseaux. Le proviseur m'accueille très poliment dans son bureau, refermant derrière nous après un ultime regard.

— Alors, vous êtes la grande sœur, me dit-il après m'avoir détaillée avec attention, en particulier l'étoile sur ma poitrine.

J'acquiesce.

— Naturellement, mademoiselle, tout ceci devra rester tout à fait entre nous (il parle un ton plus bas, observant parfois la porte). Je dois vous dire que nous sommes tout à fait contents du comportement de votre frère…

Je n'ai pas le temps de m'étonner.

— … mais je devais absolument vous parler. Nous avons des renseignements… Voilà, je vous dis les choses : nous pensons qu'il ne serait pas… prudent que votre frère se présente ici à la rentrée.

— Mais… pour combien de temps ?

— Je ne sais pas, mademoiselle, fait-il en croisant les doigts, l'air désolé. Il serait… plus sage qu'il ne vienne pas plusieurs semaines au moins. Vous comprenez ?

Je comprends très bien. On entend ici ou là que certains élèves disparaissaient. Soit ils se cachent avec leurs familles, soit ils ont été arrêtés. On voit de moins en moins d'étoiles jaunes dans les rues.

À partir de cet instant, Maurice est resté à la maison, toute la journée avec Bijou, elle aussi privée d'école. Le frère et la sœur de dix-sept et neuf ans enfermés, avec la terreur de ne plus voir revenir les adultes, d'entendre des policiers monter l'escalier et frapper à leur porte.

Tous deux se créent un monde de rêveries, d'ennui et de peur. De faim aussi, car nous n'avons presque plus d'argenterie à vendre, et les tickets d'alimentation restent largement insuffisants. Maurice était déjà grand, les joues creuses, les yeux brillants ; Bijou me regardait sans comprendre. Les conversations des adultes n'étaient que catastrophes ou menaces.

Mon frère avait exploré les environs, décidant de montrer à Bijou le chemin qu'il faudrait prendre si jamais maman et moi disparaissions, et si les Allemands venaient les prendre.

— D'abord, si on sonne à la porte, tu ne réponds pas.

— Même si c'est maman ?

— Maman a les clés et Colette aussi. Si on sonne, ça veut dire que c'est quelqu'un d'autre. Donc, tu réponds pas, c'est compris ? Viens par là.

Il marchait devant, lui, le grand adolescent tout maigre, elle, fluette et silencieuse. Il passait dans l'escalier de service, qui ouvrait dans la cuisine.

— Tu descends par là et surtout tu refermes derrière toi avant de descendre, tu comprends ?

— Oui.

— Alors, répète.

— Je sors, je ferme et je descends après.

— C'est ça. Si tu laisses ouvert avant de descendre, ils verront tout de suite que tu es passée par là et ils vont te suivre et te rattraper. Si c'est fermé, ils ne sauront pas et tu auras plein de temps.

— Oui, j'ai compris. Mais tu seras avec moi de toute façon ?

— Peut-être. Mais pas forcément. Si je suis pas là, ne m'attends pas. Tu files. Tu files sans moi, même si je ne suis pas là. Moi, je me débrouillerai.

Il lui montrait la voie jusqu'à la cave. Il fallait traverser des enfilades de réduits dans le noir, dans la poussière, avec juste des rais de lumière pâle qui tombaient d'étroites ouvertures, de loin en loin. On ressortait dans une cour, on passait dans l'immeuble d'en face, où il y avait une certaine dame qui avait l'air gentille et qui aiderait peut-être. Et si la dame ne voulait pas, ou si elle n'était pas là, il y avait des amis à Paris qui la prendraient.

Régulièrement, ils refaisaient le trajet de secours. Bijou marchait derrière à pas craintifs.

— Mais s'il y a des rats.

— Il n'y a pas de rats.

— Si, il y en a.

— Ils auront peur de toi.

— Et les araignées aussi ?

— Aussi les araignées.

— Oui. Et si tu n'es pas avec moi ?

— Ne te fais pas de souci, je serai là. Et si je ne suis pas là, mon esprit te guidera.

Elle le regardait, les yeux grands ouverts.

— Mon esprit te guidera, tu suivras le chemin que je t'ai montré, tu pourras le faire quand même. Tu verras que tu n'auras pas peur.

Mais Maurice est parti plus tôt que prévu, et Bijou n'a pas eu à prendre ce chemin.

Car il y a eu le père Kenneth.

Quelques mois plus tôt, nous avons fait la connaissance de cet étrange personnage, venu sonner à notre porte. La cinquantaine, très grand, les yeux très bleus et les traits agréables, il ressemble vaguement à un acteur américain, d'autant qu'il parle avec un fort accent, et pour cause : c'est un Irlandais.

Très vite, nous échangeons dans sa langue natale.

— Mon nom est Kenneth Monegham, me dit-il, mais on m'appelle le père Kenneth. Je suis le prêtre de l'église Saint-Joseph, à côté d'ici. Je suis un ami de votre père. J'ai appris qu'il était interné à Drancy. Je suppose que vous êtes Colette.

J'ai répondu par l'affirmative, méfiante : le fait qu'il connaisse tous ces détails ne fait pas de lui un ami. Et sa tenue m'intrigue : j'étais persuadée que les curés portaient tous la soutane ; alors, pourquoi serait-il en civil, et par surcroît aussi bien habillé ?

Ignorant mes réticences, il m'assure de son soutien. L'église est juste à côté de l'appartement, nous pouvons lui demander de l'aide dès que nous le souhaitons. Il revient de temps en temps, en voisin, cause avec moi et maman, prend des nouvelles de papa, puis repart.

Un jour, maman lui apprend que Maurice ne peut plus aller à l'école. Le père irlandais réfléchit quelques instants.

— Ici, il n'est pas en sécurité (son accent est à couper au couteau, décidément). Vous voyez, j'ai peut-être un moyen de le faire passer en zone libre. Savez-vous où vous pourriez l'envoyer, là-bas ? Vous avez un point de chute ?

Le visage de maman se tend. Elle demande à Maurice et Bijou de regagner leurs chambres. Moins ils en savent pour le moment, mieux c'est pour tout le monde. D'instinct, nous nous sommes tous transformés en sorte d'agents secrets.

— Ma famille pourrait le recevoir en Tunisie, dit-elle au père Kenneth une fois que nous sommes seules avec lui.

Il plante son regard franc dans le mien, puis dans celui de ma mère.

— Ça devrait pouvoir se faire. Il faut simplement le faire aller jusqu'à Marseille. Une fois là-bas, il prendra son billet pour Tunis. Par contre, il faut de l'argent pour le bateau.

— Et... pour les passeurs ? Il paraît que certains se font payer très cher.

— Ceux que je connais ne demandent pas d'argent.

Ma mère, rassurée, hésite un instant, puis demande pour Bijou.

Le père Kenneth secoue la tête d'un air désolé.

— Elle est trop jeune. Il faut marcher longtemps pour traverser la ligne. On passe par des chemins très longs dans la campagne. Elle ne suivrait pas.

Je sens que maman retient ses larmes, mais il y a autant de tristesse que de soulagement.

Quelques jours plus tard, un matin, Maurice attend dans le salon avec son petit sac, voyageur clandestin. Je revois sa mine pâle mais résolue, cette fragilité nerveuse des jeunes garçons. Ma mère l'étreint avec force, les yeux rouges, tâchant de ne pas pleurer encore.

— Ça ira, maman. Vous allez vous en sortir. Colette est là. Et puis papa… il va bien trouver un moyen de sortir.

Il a la voix blanche, ses lèvres tremblent un peu et aussi ses doigts, sur l'épaule de maman.

— Oui. Bien sûr qu'il va trouver un moyen. Bien sûr que ça ira. Toi, fais attention à toi. Fais attention à tout. J'ai mis un sandwich dans la poche de son sac. Tu as de l'eau aussi. Fais attention à l'argent. Surtout, tu ne le montres pas et tu n'en parles pas.

— Tu me l'as déjà dit, maman, ne t'en fais pas. Ça va aller, je suis pas si bête.

Elle le regarde encore, puis l'enlace.

Nous l'avons entendu descendre l'escalier, puis il est parti dans l'avenue, silhouette mince entre les arbres dénudés.

Le soir, l'appartement a une drôle d'allure. Nous mangeons en silence, le bruit des fourchettes résonne dans le salon mal éclairé.

Paris s'enfonce dans le black-out. Bientôt, les bottes des patrouilles allemandes résonneront. Il y aura peut-être une alerte, avec les sirènes et le bruit des bombes, plus loin sur les banlieues ouvrières. Nous finissons vite le maigre repas. Bijou ne posait pas de questions, elle avait bien compris que son grand frère ne dormirait pas ici, ni ce soir ni les autres soirs.

Nous ne sommes plus que deux femmes et une fillette. Seules au monde.

Au laboratoire, autour de Gougoutte, nous passons de longues soirées à faire le tri entre vraies et fausses nouvelles.

— Les boches disent qu'ils vont prendre Stalingrad, explique Simon Schwartz. À Radio Londres, ils disent qu'ils ne prendront rien du tout.

— Moi, je crois que les fridolins n'ont pas dit leur dernier mot. Il paraît qu'ils ont encore détruit je ne sais pas quel groupe d'armée.

Simon hausse les yeux au plafond.

— Un groupe d'armée ? Et qu'est-ce que ça peut lui faire, à Staline ? Il en a d'autres, des groupes d'armée !

— Peut-être, monsieur Schwartz. Mais je te signale que pour l'instant il n'a fait que reculer, ton Staline. Et je te signale que la Volga et Stalingrad, c'est à quatre mille kilomètres de Paris. On n'est pas près de les voir, tes Russes.

— Pas plus que tes Américains.

— N'empêche que les Américains ont commencé à bombarder l'Allemagne. Ils en parlent à Radio Londres. Les boches, eux, ils ne s'en vantent pas. C'est pas rien, quand même.

Cet hiver-là, les regards du monde entier se portent vers Stalingrad. Les souffrances allemandes nous réjouissent, c'est toute l'horreur de la guerre. Les actualités filmées ont beau nous montrer les troupes allemandes en train d'écraser les *hordes bolcheviques*, agitant leurs moufles blanches avec de grands sourires, la ville ne tombe toujours pas. Et nous prions pour qu'elle ne tombe jamais.

Dans cette nuit sans fin, il y a parfois de bonnes nouvelles : quelques semaines après son départ, nous recevons une carte postale de Maurice, arrivé à bon port à Tunis.

Puis, en novembre, au moment où nous nous y attendons le moins, une autre nouvelle extraordinaire tombe. Georges Lamirand, l'ami de papa, le pétainiste, a tenu parole : mon père va être libéré.

Ma mère est transfigurée, et pourtant, je n'arrive pas à la croire, moi qui tous les jours vois à quel point les Allemands s'acharnent à déporter les Juifs. Tant qu'il ne sera pas à la maison, je n'y croirai pas.

Mais quelques jours plus tard, il pousse la porte de l'appartement. C'est un fantôme. Onze mois viennent de passer, mais on croirait que ce sont autant d'années. Blafard, les traits creusés, il marche à petits pas essoufflés, vêtu d'un manteau élimé aux manches qu'il aurait pu disputer à un clochard. Seul le regard est intact, noir et fier, brillant d'intelligence. Son apparence nous a causé un choc : c'est presque un vieillard. Même Bijou qui avait passé la semaine à trépigner d'impatience en reste saisie d'étonnement.

La surprise passée – mauvaise surprise –, nous nous jetons toutes les trois dans ses bras, submergées par l'émotion, les joues baignées de larmes, muettes pendant un long moment. Mais j'ai la sensation très déplaisante que tout ça ne va pas durer, que c'est peut-être un peu trop beau.

Après le dîner, nous restons longtemps à parler. Sa voix me paraît plus faible que dans mes souvenirs et j'ai du mal à m'habituer à ses joues creusées, mais sa volonté et son autorité sont intactes, et même renforcées par ces longs mois d'épreuve. Comme à son habitude, il ne s'étend pas sur ce qu'il a vécu lui-même et prend d'abord des nouvelles de Maurice.

À notre récit, il paraît intensément soulagé.

— Le père Kenneth est un chic type. J'étais sûr de lui, mais on ne sait jamais ce qui aurait pu se passer. Enfin, c'est terminé maintenant, c'est très bien.

— Il y a Bijou…

— Je sais bien. On trouvera un moyen, répond-il en posant sa main sur celle de ma mère.

Le contact la fait sursauter.

— Bijou ne peut pas rester, mais je vais trouver quelque chose. Il faut me laisser un peu de temps, j'y arriverai.

Puis il me demande comment se passe mon travail à l'hôpital, et si je compte continuer à y exercer. Presque vexée, je fais des yeux ronds.

— Pourquoi ? Je ne devrais pas continuer ?

— Ça devient dangereux. Ça te fait sortir tous les jours avec l'étoile. Avec toutes ces rafles… Tu sais, Colette, j'ai été libéré, mais c'est un miracle. Ça ne se reproduira pas. Georges Lamirand a des ennemis au gouvernement. Il ne restera pas ministre éternellement. Si je suis repris ou si toi, tu es prise, je crains qu'il n'y ait plus personne pour nous aider.

— Et qu'est-ce que tu veux que je fasse alors ? Que je reste ici toute la journée ? Que j'arrête la fac et l'internat ?

— Non. Non, bien sûr, Colette.

Il me fait un sourire un peu désolé, qui ressemble plus à une grimace, et passe à autre chose.

Pendant un peu plus d'une semaine, il se repose, puis se remet à sortir *pour voir des amis*. Même si ça n'avait pas été mon père, j'aurais remarqué à quel point il s'essouffle plus vite. Je l'ai connu alerte, un grand sportif qui s'envolait dans les étages presque en courant ; maintenant, il les gravit lentement, marche à marche. L'internement l'a diminué bien plus qu'il ne veut l'admettre, lui qui dans ses courriers de Drancy ne cessait de prétendre qu'il était *en parfaite santé*. Un des soirs de cette semaine-là, ma mère a sa tête des mauvais jours. Elle crie après Bijou, va et vient, nerveuse.

Mon père, assis dans son fauteuil, me regarde entrer sans un mot. Il est d'une pâleur de cire, les narines pincées.

— Qu'est-ce que tu as ? dis-je, la gorge nouée.

— Rien. Ça va passer.

— Pour quelqu'un qui n'a rien, ça n'a pas l'air d'aller.

Il m'avoue qu'il ressent depuis quelque temps des douleurs assez brusques dans la poitrine.

— Tu avais ça à Drancy ?

— Rarement. C'est peut-être la fatigue. Si je me repose, ça passe.

Il tente de me sourire, mais je ne suis pas dupe. Depuis un an que je suis interne, je sais voir quand un homme souffre. L'espace d'un instant, je lis dans ses yeux l'angoisse, mais aussi la force d'un homme qui ne renonce à rien. Il est épuisé, sans doute très malade. À cette pensée, je détourne brusquement les yeux avec une envie de pleurer terrible, le chagrin d'une petite fille qui comprend que son père va mourir.

Pendant tout ce temps, maman tourne dans l'appartement, faisant ou défaisant je ne sais quoi tout en houspillant la pauvre Bijou, comme si elle y pouvait quelque chose.

En fait, ses crises d'angor, autrement dit des angines de poitrine, sont apparues lors de son emprisonnement. Elles sont de plus en plus fréquentes. Il risque à tout instant la crise cardiaque. Je ne réponds rien. Il n'existe aucun traitement. À part le repos.

Mais mon père n'est absolument pas prêt à se ménager. Il se considère comme un soldat en guerre.

Assez rapidement, il nous réunit un soir pour nous expliquer le plan qu'il a mis au point :

— J'ai contacté un ami, monsieur Dekeukelaere. Il a une usine à Courtrai, en Belgique.

Dès les premiers mots, nous avons compris. Maman est devenue toute pâle, les lèvres exsangues qui appelaient les sanglots, mais elle se contient, toujours digne et fière.

— Il a une fille qui a exactement l'âge de Bijou. Il est prêt à la prendre jusqu'à la fin de la guerre. Il dira que c'est sa nièce.

— Mais… quand ?

— Dès que nous pourrons. Si tu es d'accord, bien sûr. Dekeukelaere est parfait. Elle sera en sécurité là-bas. C'est ce que tu voulais, non ?

Maman, l'œil vide, met un certain temps à répondre. De grosses larmes coulent jusqu'à ses lèvres sans qu'elle songe à les essuyer. Je l'ai rarement vue souffrir à ce point et je sens que mes yeux me piquent aussi. Bijou…

— Oui. Bien sûr que c'est mieux.

— En plus, Dekeukelaere travaille pour les boches. C'est la cachette idéale. Jamais ils ne se douteront.

— Et… quand ?

— Le plus vite possible. Il vient souvent à Paris, il a un *Ausweis*. Je dois faire faire des faux papiers pour Bijou, mais ne t'inquiète pas, tout ira très bien. C'est mieux comme ça, non ?

Le visage de ma mère se tord, et elle se met à pleurer, violemment, des sanglots profonds qui secouent ses épaules, une peine infinie que rien ne peut consoler. J'ai beau savoir les risques que court Bijou en restant avec nous, l'horreur de ces trajets en train vers l'Est, je suis comme ma mère, terrassée par la peine.

Maurice, c'était différent, il était presque adulte, et puis il partait rejoindre notre famille à Tunis. Mais elle. À huit ans, elle va se retrouver seule dans un pays étranger, chez des gens qu'elle ne connaît pas.

Je la revois alors qu'elle n'a pas trois ans, à Tunis, et que je m'occupais tant d'elle. Cent images me reviennent en désordre, des fragments de souvenirs insouciants. Et je pense à ces mères à la maternité de Rothschild, ces mères qui acceptaient d'abandonner leur enfant, elles aussi, pour qu'il ait une chance de survivre.

Qu'avons-nous fait pour mériter ça ?

Il a fallu expliquer à Bijou ce qui allait se passer. Elle a écouté, les yeux grands ouverts, la mine grave, sans une question. Maman, si forte quand mon père était à Drancy, a changé. Elle paraît absente. Plus d'accès de colère, rien qu'une mine chiffonnée, et ses yeux sont rouges chaque matin.

Un jour, monsieur Dekeukelaere est arrivé, nous avons étreint Bijou, baignant nos joues et nos mains et nos lèvres de nos pleurs. Et puis elle est partie dans une auto qui attendait en bas. C'était vers la fin du mois de novembre, l'air était glacial, l'avenue, d'une tristesse à pleurer. Quant à l'appartement, c'était un champ de bataille après la défaite, avec des survivants qui errent sans but, surpris et honteux de ne pas être morts, et qui n'osent pas se parler.

Et mon père a continué à dérouler son plan :

— Il va falloir qu'on se cache, nous aussi, nous a-t-il annoncé quelques jours plus tard.

Il avait posé son manteau brillant de pluie sur l'une des chaises du salon, à peine éclairé d'une pauvre lampe à acétylène.

— Quel froid, hein !

Ses mains un peu réchauffées, il dépose sur la table un jeu de trois cartes d'identité, un peu trop neuves peut-être pour être honnêtes, mais enfin, elles paraissent vraies.

— À partir de maintenant, nous sommes la famille Mosnier, nous avons fui Lorient, puisque comme vous le savez notre maison a été bombardée, et nous venons nous installer à Paris.

— Pourquoi Lorient ?

— Parce que, ma petite Colette, Lorient a été à moitié détruite par les bombes et personne ne pourra vérifier l'authenticité de notre état civil. Et voilà de quoi nous nourrir, ajoute-t-il en sortant des liasses de tickets de rationnement de sa sacoche. Et ne te fais pas de souci, dit-il à mon intention. Ce sont de vrais tickets faits en mairie. Ils sont parfaitement authentiques.

— Donc, nous sommes catholiques, dis-je, incrédule.

Mon père approuve du menton.

— Catholiques et clandestins.

Pendant quelques secondes, je me demande comment je vais m'organiser pour aller à l'hôpital, où l'on me connaît comme Colette Brull, Juive et portant l'étoile. Vais-je pouvoir continuer à m'y rendre sous une fausse identité ?

— On va devoir porter l'étoile encore quelques jours, le temps que j'organise notre déménagement.

Je ne réponds rien, perplexe.

Un peu plus tard, nous quittons discrètement l'avenue Hoche pour un minuscule appartement à Neuilly, rue Jacques-Dulud. En le découvrant, ma petite valise de fausse réfugiée au bout des bras, je sursaute. Tout est vieux et sale, avec des odeurs rances qui doivent traîner là depuis des années. Notre refuge est une sorte d'excroissance au rez-de-chaussée d'un immeuble noir de crasse, deux pièces agrémentées d'une cuisine et d'un cabinet de toilette sommaire. J'en fais le tour avec papa.

Dans la cave, il écarte un grillage qui masque l'entrée d'une sorte de souterrain.

— On dirait que ça part vers les égouts. En cas de problème, ce sera notre *debinarium*, me sourit-il.

Sa blague me déride à peine. Je n'arrive pas à m'habituer à sa nouvelle figure, plus maigre et émaciée, mais rajeunie : le matin de notre déménagement, il avait rasé sa barbe et sa moustache. À force, j'avais presque oublié qu'il avait une figure comme tout le monde, un menton et une bouche. Il montre un autre visage, celui d'un homme déterminé et rusé, impitoyable.

Mais à bout de forces.

L'étoile, il ne l'a portée que quelques jours. Un après-midi, alors que nous allions prendre le métro, deux jeunes garçons de dix-sept ou dix-huit ans nous ont barré le trottoir, deux gringalets blafards, mais sûrs de leur force, dans toute la splendeur de leur bêtise.

— Vise un peu ce vieux youpin, a dit le premier à son copain.

Ils s'encouragent en se donnant des coups d'épaule, ricanant, échangeant des regards brefs. Moi, j'étais au bord de la syncope, les jambes à demi coupées. J'ai tenté de retenir mon père qui partait en avant.

— Non... Non, laisse.

Comme dans un rêve (ou comme dans un film de gangsters, c'est selon), je l'ai vu se planter devant le premier et lui décocher un coup de poing en pleine mâchoire, qui l'a envoyé rouler au sol. L'autre a fait deux pas en arrière, les épaules voûtées, déjà soumis. Il supplie, le lâche.

— Non, non, monsieur. S'il vous plaît...

Et l'autre peinait à se relever, le geste lent et les yeux papillotants. Ils ont filé tous les deux sans se retourner, comme s'ils avaient vu le diable. Mon père avait connu les tranchées et le corps à corps. Comment aurait-il eu peur de ces deux misérables imbéciles ?

Dans la soirée, il m'a montré son poing qui lui faisait mal : il s'était cassé une phalange.

Dans notre nouvelle vie, à Neuilly, nous ne risquions plus ce genre d'incidents. Bien qu'officiellement sans emploi et sujet à de fréquentes crises d'angor, mon père courait Paris pour de mystérieuses rencontres. Inutile d'essayer de savoir qui il voit, il est muet comme une tombe. Du jour au lendemain, tous les problèmes d'intendance sont réglés : maman a autant de tickets de rationnement que nécessaire et de l'argent pour le marché noir.

D'où vient cette soudaine prospérité, alors qu'il n'a plus de travail ?

Il n'en dit rien, mais je suis sûre qu'il s'est engagé dans la Résistance. C'est sans doute ce qui explique ses réticences lorsque j'ai décidé de continuer mon service à Rothschild.

À chacun sa guerre, après tout.

14

L'orphelinat

Il ne m'a pas fallu bien longtemps pour m'habituer à ma nouvelle identité. Mademoiselle Colette Mosnier, réfugiée de Lorient, département du Morbihan, prenait donc le métro avec tout le monde pour se rendre à l'hôpital. De loin, je vois de pauvres Juifs repoussés au bout du quai, à attendre une place dans la dernière voiture. Je dis « pauvres », car la plupart le sont vraiment devenus à force de privations, chassés de tous les emplois et interdits de magasins. Si les plus riches ou les plus débrouillards ont encore un peu d'allure, la plupart ont des mines de papier mâché et les joues creuses, les vêtements rapiécés, les chaussures trouées ; ils rasent les murs, le regard baissé, guettant les contrôles ou les brimades, toujours prêts à s'excuser de tout.

Cela me met terriblement en colère. Puisque je vis libre grâce à mon père, puisqu'en principe je peux échapper à leur sort, j'ai le devoir de me battre.

J'aurai très bientôt l'occasion de le faire.

Gougoutte connaît ma nouvelle situation. Et bien sûr elle accepte immédiatement de m'aider : le matin, je ne me rends donc plus au vestiaire comme auparavant, mais dans le studio qu'elle occupe non loin de Rothschild. Personne en effet ne doit savoir que je me déplace en ville sans étoile. Je dépose là mes habits et mes faux papiers, j'enfile ma blouse blanche avec l'étoile et je traverse la cour d'entrée avant de commencer mon service. Tout ça est totalement interdit, et plutôt dangereux si je me fais surprendre (et pour mademoiselle Damangout aussi), mais je ne me sens pas prête à renoncer ni à mon travail ni à mes études.

Quelque chose a changé chez les Allemands. La force tranquille des débuts, cette assurance joyeuse, ces allures de touristes qu'ils affichaient parfois ont fait place à la préoccupation. On voit aussi plus de blessés en convalescence, des hommes vieillis avant l'âge et décorés, que l'on suppose rescapés du front de l'Est.

Le vent a tourné : à Stalingrad, ils ont perdu, et leur propagande n'y change rien. Aux frontons des édifices, ils ont fini par mettre leurs saletés de drapeaux en berne et, surtout, ça se voit à leurs têtes.

Nous les observons en douce, avec un contentement féroce.

Au labo, un soir, nous avons débouché une bouteille.

— Vive Staline ! s'est exclamé un interne, assez fort pour qu'on se retourne tous vers la porte d'entrée.

— N'exagère pas quand même.

— Je n'exagère pas. Sans lui, personne n'aurait arrêté Hitler.

— Peut-être, mais si tu continues à brailler comme ça, c'est nous qu'on va arrêter !

Gougoutte lève son verre.

— À la fin de la guerre !

Personne n'ose encore parler de victoire, mais nous y pensons tous. Nous avons bu, les yeux brillants, et la conversation s'est portée sur la durée de la guerre, sur ce que nous ferions après, sur ce que feraient les Américains, qui venaient de débarquer en Afrique du Nord.

Une lueur était apparue dans les ténèbres.

Tous les jours ou presque, je croise Danielle. J'ai l'impression de revoir ma petite Bijou, qui est en exil et qui me manque terriblement. Nous avons eu des nouvelles de monsieur Dekeukelaere : elle est bien arrivée en Belgique, tout va bien, mais j'essaye de ne pas trop y penser. C'est trop triste.

Danielle aussi doit souffrir de ne pas voir ses parents, mais elle n'en dit rien. Dès qu'elle me voit, elle court et se jette dans mes bras. Chaque jour, elle apprend de nouveaux mots, je prends du temps pour l'écouter me raconter les petites choses qu'elle a vues, ce que le policier à l'entrée lui a dit, le morceau de gâteau qu'on lui a offert, le rêve ou le cauchemar de la nuit, les grandes découvertes faites dans une salle ou au détour d'une allée.

Je ne pose plus de questions à son sujet, nous avons tant de raisons de nous inquiéter, alors, pourquoi en rajouter ? Si elle est là, c'est qu'on n'a pas trouvé de solution pour la faire sortir. L'hôpital, pensons-nous, reste un refuge quoi qu'il arrive.

Et pourtant, les alertes se multiplient.

Un matin très tôt, alors que je viens d'arriver au

pavillon de médecine et que je m'y trouve seule, la porte s'ouvre brutalement sur une infirmière. Elle a un air affolé : on demande un médecin au téléphone.

— J'ai répondu qu'il n'y en avait pas, mais la personne a insisté. Ça a l'air grave. Je n'ai pas réussi à comprendre ce qui se passe.

Je fronce les sourcils. À l'autre bout du combiné, une des personnes responsables de l'orphelinat Rothschild m'explique, haletante, qu'un ou plusieurs enfants se trouvent mal, qu'ils font des crises de nerfs et qu'il leur faut absolument un médecin. Je lui demande quelques précisions, en vain. Elle me donne l'impression d'être à moitié folle, ou alors d'appeler d'un immeuble en feu.

— Venez vite, me dit-elle avant de raccrocher.

Sans prendre le temps d'enfiler un manteau, ni d'avertir qui que ce soit, je prends quelques sirops calmants et passe presque en courant devant la loge des policiers, qui me saluent sans comprendre. L'orphelinat se trouve rue Lamblardie, à cinq minutes à pied. On y héberge une centaine d'enfants, dont la plupart ont eu leurs parents déportés.

Preuve s'il en est besoin du cynisme des nazis, qui continuent à prétendre *ne pas vouloir séparer les familles*.

Je suis surprise en découvrant un fourgon de police garé devant le vieux bâtiment de l'orphelinat. De l'extérieur, tout paraît calme, mais à l'intérieur, c'est un authentique cauchemar. Longtemps, j'ai refusé de repenser à ces instants affreux. Une vie entière n'a pas suffi pour que je trouve les mots. Je me fige comme une statue de sel. Tout le bâtiment est rempli de cris, des cris tels que je n'aurais jamais cru entendre un jour – cris d'une terreur absolue, insondable. Je reste un moment stupide, la bouche ouverte, incapable de réfléchir et d'agir, mes flacons à la main. Quelqu'un me parlait, je n'entendais rien.

Peu à peu, la scène émerge du brouillard, comme s'il fallait un temps pour transformer en pensées ce que mes yeux voient. Une ombre file dans l'escalier, un gamin de dix ans peut-être ; il est pieds nus et en pyjama. Un policier le suit lourdement dans l'escalier. Ses semelles cloutées font trembler les murs. L'arme dans son dos se balance et se heurte aux parois.

Dans le grand dortoir, les draps sont jetés sur le plancher.

Et partout les gamins courent et hurlent.

Les surveillants se tiennent dans un coin, blafards, comme anesthésiés. Dans leurs regards, je lis le même désespoir, l'horreur de se dire qu'il faudrait faire quelque chose, mais qu'on ne peut rien faire. À côté d'eux, l'un des flics tient une liste à la main, tâchant de donner à cet enfer un semblant d'ordre. Un autre tient en respect un groupe d'enfants alignés devant le mur, comme des gangsters. La plupart en tenue de nuit, ils sanglotent, des gosses de dix ans, parfois moins, qui ne comprennent pas, qui appellent leurs mamans.

Je m'approche de ceux-là et leur fais donner un peu d'eau, un peu de sirop, puis on m'appelle au sous-sol, à la cave où la chasse aux orphelins bat son plein. J'arrive dans un endroit sombre encombré de vieux meubles, de cartons défoncés remplis de papiers, derrière lesquels ils tentent de se cacher.

— Là ! claironne un policier en me prenant à témoin, comme si j'allais l'aider.

Malgré la température, son front ruisselle de sueur, barré d'une traînée sale, le képi rejeté en arrière. Une ombre file vers la sortie, se heurte à un surveillant, repart vers la cave, où elle disparaît de nouveau.

Je remonte dans un état second.

Peu à peu, les cris se sont arrêtés. Je tenais toujours mon sirop au bout du bras, nous essayions de calmer les gamins, ils palpitaient comme des oiseaux prisonniers.

Le chef des policiers comptait et recomptait, notait les noms, biffait, le visage fermé. Que pouvait-il ressentir ? Il devait avoir des gosses, sûrement, des gosses dans ces âges. Comment pouvait-il croire un instant que ces enfants *devaient* être arrêtés, qu'il fallait vraiment les envoyer Dieu sait où dans des wagons plombés ? Car eux, les flics, savaient, comme nous. Ils ne savaient pas pour Auschwitz, mais ils savaient pour les wagons, ils savaient que ce n'était pas bon.

Alors, oui, que peut-il penser, ce policier avec sa liste ?

— Il en manque un. Enfin une, déclare-t-il au bout d'un moment. Hedwige Plaut. Elle a sept ans. Quelqu'un l'a vue ?

Il regarde tour à tour ses collègues et les responsables de l'orphelinat. Qui restent de marbre. Il pince les lèvres en replongeant le nez dans sa liste. Il compte et recompte.

— Elle doit se cacher quelque part, murmure-t-il comme s'il se parlait à lui-même.

La fouille ne donne rien. Le dortoir semble mort, les caves, désertes.

À son ordre, les surveillants ont rassemblé les affaires, jouets, linge, photos, toutes ces petites choses d'enfants qui finiraient déchiquetées, jetées aux quatre vents. Ils ont aligné les orphelins, certains pleuraient encore, avec de gros hoquets, puis ils sont partis. Les chaussures cloutées des policiers résonnaient dans le silence, le grincement des sangles en cuir de leur équipement, le cliquetis d'acier de leurs armes. Des portières ont claqué, puis le camion a démarré, poussif.

Un immense silence règne à présent dans le bâtiment. J'ai l'impression que la rafle a duré des heures, mais il ne s'est écoulé qu'une dizaine de minutes depuis mon arrivée. Des surveillants pleurent ; il me semble que le directeur aussi. Et j'ai toujours mes flacons ridicules à la main. Et nous restons là les bras ballants, comme si nous avions pris une série de coups de poing en pleine volée. KO debout.

Ma journée terminée, je prends le métro à pas lents, avec l'impression d'émerger de l'enfer. Je ne comprends pas. Comment peut-on donner des ordres, envoyer des flics, perdre du temps et de l'argent, gaspiller toute cette énergie, monter cette organisation formidable pour s'en prendre à des enfants sans défense ?

J'ai raconté ce que j'avais vu, nous avons dîné et je suis partie réviser.

Un peu plus tard, mon père est venu frapper à ma porte :

— Je sais que ce que tu ressens, me dit-il. Mais ça prouve une chose : Rothschild devient dangereux. Tu devrais arrêter d'y aller.

Je garde le nez plongé dans mon livre d'anatomie.

— Tu reprendras tes études après la guerre.

— Quand !

— Elle ne durera pas toujours. Staline a commencé son offensive en Russie. Les alliés vont débarquer en France. La guerre ne durera pas toujours, Colette. Crois-moi.

Je replonge dans mon manuel en tripotant mon crayon.

— Ils ont besoin de moi, là-bas.

— Sûrement. Mais tu risques de te faire prendre si tu continues à y aller sans l'étoile. Et tu auras gagné quoi, si tu te fais pincer ? Si vraiment tu veux faire quelque chose, tu sais que tu peux le faire avec moi.

Je ne réponds pas.

Derrière les fenêtres occultées, la ville est silencieuse et l'immeuble aussi. Et dans ce silence, j'entends toujours les cris des enfants, le bruit des souliers cloutés des policiers. Papa a raison, c'est évident. Rien qu'en prenant le métro, je cours d'énormes risques. Les contrôles sont très fréquents, on arrête les voyageurs, on inspecte leurs papiers et leurs affaires, toujours à la recherche des mêmes choses : produits de marché noir, tracts, armes, n'importe quoi qui pourrait envoyer le fautif en prison ou pire.

Et le Juif clandestin est toujours un mets délicat, une prise de choix.

J'ai toujours les yeux plongés dans mes planches illustrées de muscles et de nerfs. Mon père pousse un soupir.

— Comme tu veux. Ne te couche pas trop tard, dit-il en refermant doucement la porte.

Le silence, à nouveau.

Plus tard, je me mets au lit sans trouver le sommeil.

J'entends toujours les cris des enfants.

Ce jour-là, quinze innocents ont été envoyés à la mort. L'orphelinat a aussitôt été fermé, et les autres enfants, évacués.

Puis j'ai appris autre chose : il y aurait eu une survivante. Une enfant sauvée de Rothschild.

On murmure que c'est une petite fille, qu'elle s'est cachée sous les draps quand les autres paniquaient et tentaient de fuir. On l'aurait retrouvée totalement immobile dans son lit, baignant dans ses larmes, et on dit aussi qu'elle n'a pas prononcé un mot depuis cet instant.

Il paraît aussi qu'elle aurait été exfiltrée.

Pendant des années, le souvenir de cette rafle m'a hantée. J'ai entendu les hurlements des enfants, j'ai revu ces policiers armés. Partagée entre l'horreur de ce souvenir et le remords de mon impuissance, j'avais préféré me taire. Même mes enfants savaient à peine ce que j'avais vécu. Puis je me suis mise à parler, sur le tard.

Un jour, à la fin des années 1990, j'ai participé à une séance de souvenirs à l'hôpital, évoquant devant l'auditoire la rafle de l'orphelinat. À la sortie, une femme s'est présentée à moi, la soixantaine.

— Je m'appelle Hedwige Plaut, me dit-elle. J'étais la petite fille sous les couvertures.

Je l'ai regardée, bouleversée.

Un demi-siècle avait passé. C'était maintenant une dame d'âge mûr à l'expression sérieuse, un peu trop peut-être, comme verrouillée de l'intérieur même si longtemps après. Elle me raconta son histoire. L'orphelinat n'était pas le havre de paix qu'on aurait pu imaginer. Les gosses crevaient de faim, ils avaient froid et ils avaient peur, tout le temps. Malgré tous les efforts des surveillants, les plus petits se faisaient souvent voler leur ration de nourriture. Elle se souvenait aussi du Noël 42 et du jouet qu'elle avait reçu.

Elle se souvenait surtout de la rafle.

— Quand les policiers sont arrivés, je me suis cachée sous les draps et je n'ai plus bougé. J'entendais tout autour, mais je refusais de bouger, j'étais comme morte. Après, je n'en ai pas parlé pendant des années. Je voulais oublier.

Seul l'amour de son mari avait fini par la faire sortir de son mutisme. À sept ans, Hedwige était la seule survivante des quinze petits raflés. Son nom avait mystérieusement disparu de la liste des enfants à déporter.

Ensuite, elle avait été prise en charge par un réseau de l'OSE, l'Œuvre de secours aux enfants, une organisation juive entrée en résistance. Avec un groupe d'une trentaine de gamins traqués comme elle, elle était partie pour un long périple, odyssée infernale qui les avait menés aux portes de la Suisse. Le trajet se faisait de jour ou de nuit, en train, en camion ou même à pied. Les dernières heures avaient été un calvaire : ils franchissaient des ruisseaux, des ravins.

— Des enfants ont disparu, m'a raconté Hedwige. Des vingt-neuf au départ, la moitié n'est pas arrivée.

Par la suite, elle avait été adoptée par une famille suisse avant de finalement retrouver sa mère, qui avait elle aussi échappé au désastre. Je sentais encore sa souffrance, mais elle avait vécu et elle avait aimé. Elle avait échappé au destin qu'on lui réservait pour vivre le sien, malgré tout et malgré les déchirures.

C'était notre plus grande victoire.

La rafle de l'orphelinat est un avertissement : les nazis veulent remplir leurs trains à tout prix. Tous les jours ou presque, je vois des gens se faire contrôler dans le métro. Et les Allemands ne se donnent plus la peine de paraître *corrects*, comme en 40. Depuis quelque temps, on les voit accompagnés d'auxiliaires zélés, miliciens de Darnand en habits noirs ou membres du PPF de Doriot, imbéciles convaincus de la victoire allemande ou pauvres types attirés par la gamelle.

J'y pense chaque jour en arrivant à l'hôpital.

Danielle n'est plus l'enfant effarouchée que nous avions connu au début, mais une enfant de l'hôpital, dont elle connaît les recoins mieux que moi-même. J'éprouve toujours plus de plaisir à la retrouver, à la serrer dans mes bras, à sentir ses boucles sur mes joues. Elle parle de mieux en mieux malgré ses trois ans, et nous avons, quand je peux prendre du temps, de longues conversations, celles qu'auraient sans doute une mère et sa fille. Et je ne suis pas la seule à m'enchanter de ses petits mots et de son rire en cascade.

Son séjour à Rothschild se prolonge, mais je me dis que quelqu'un va lui trouver une solution. Depuis quelque temps, je sais que c'est possible.

Il y a bien une filière d'évasion d'enfants ici.

C'est Claire Heyman qui la dirige et elle m'a demandé d'y participer.

15

Évasions

L'envie d'agir me démangeait depuis des mois. Depuis le début de l'Occupation, je crois bien. Il faut dire qu'avec mon père, je suis à bonne école. Comme lui, je suis révoltée par l'occupation allemande, indignée par l'attitude de Pétain et de son gouvernement.

Le 11 novembre 1940, j'étais parmi les quelques milliers d'étudiants et lycéens venus déposer des gerbes sur la tombe du Soldat inconnu. La manifestation avait été dispersée par les Allemands à coups de crosse et de tirs d'intimidation, mais j'avais échappé à tout cela : j'étais arrivée en retard.

Depuis ce moment, ma détermination n'a fait que se renforcer. Les mesures antijuives, mais surtout les brutalités et les horreurs dont j'ai été témoin ont fait naître en moi une irrépressible envie de vengeance. Ces vieillards et ces enfants maltraités, je n'arrive pas à le supporter.

J'essaye de ne pas trop montrer mes sentiments, surtout depuis que je vis sous une fausse identité, mais je suppose que ça doit se voir quand même un peu. À dire la vérité, je suis tellement en colère que je me sens capable de n'importe quoi.

Un jour, un camarade de faculté est discrètement venu me sonder avec les précautions d'usage.

— Tu sais, Colette, j'ai des amis... Il y a des papiers à distribuer...

J'ai tout de suite accepté sans me préoccuper un instant de ce qu'il faudrait distribuer. Tracts communistes, gaullistes ou tout ce qu'on voudrait, ça m'était égal du moment que c'était contre les boches.

— D'accord, lui avais-je dit. Comment je dois faire ?

— Je te ferai signe, m'avait-il répondu avant qu'on se sépare.

Mais il ne m'avait jamais fait signe.

Le père Kenneth, le curé irlandais de l'avenue Hoche, s'est montré plus sérieux. Après sa prise en charge de la fuite de Maurice, nous avions sympathisé. Il m'avait raconté sa curieuse existence : avant d'être curé, il avait vécu sur un grand pied, dans la Russie tsariste. Mais en 1917, sa fiancée avait été tuée et il avait dû fuir le pays en feu. Réfugié dans les ordres bénédictins, il était ensuite devenu curé.

Au fil de nos conversations, il me fait comprendre qu'il s'occupe d'affaires clandestines ; c'est pour ça qu'il connaît des passeurs pour la ligne... Et il n'y a pas que ça... Il travaille parfois pour une certaine organisation... Se sentant en confiance, il me raconte qu'il appartient à l'Intelligence Service depuis longtemps et qu'il est à nouveau agent actif.

Un jour, il demande à me parler en particulier.

— Colette, je suis un peu embêté. J'ai un gars qui a des blessures. Est-ce que vous pourriez vous occuper de lui ?

Un *gars blessé.* C'est forcément lié à son activité d'espion, mais ce n'est pas ce qui me gêne le plus.

— Je ne suis qu'une interne. Ce n'est pas grave, au moins ?

— Ne vous inquiétez pas. C'est rien qu'une petite blessure. Vous pouvez ?

— Bien sûr que je peux !

Peu après, nous quittons l'avenue Hoche à pied (c'était avant la libération inespérée de mon père), moi portant une trousse bourrée de bandes et de désinfectant – matériel hautement suspect si par malheur nous étions fouillés en prenant le métro. J'avais décousu l'étoile sur mon manteau et j'accompagnais le père Kenneth qui marchait d'un bon pas, l'air insoupçonnable, alors que j'avais l'impression d'être dévisagée, moi et ma trousse de soins, par tous les passants.

Le cœur bat violemment à ma gorge, à m'étouffer.

Après une bonne heure de marche, nous arrivons vers la gare Saint-Lazare, au-dessus des voies. J'essaye de ne pas voir le nom des rues ou les numéros. Ne rien savoir (ou en savoir le moins possible), c'est encore le moyen le plus sûr de ne pas parler sous les coups ou la torture. Car c'est bel et bien ce que nous risquons.

Le père jette un coup d'œil discret dans la rue avant de pousser la porte d'un immeuble, où je le suis jusqu'au sixième étage. Le *gars* en question se trouve seul dans une chambre de bonne, vêtu d'une chemise grisâtre et d'un pantalon bleu. Il a mon âge à peu près et, l'air très calme, me montre ses deux mains sérieusement brûlées. Je le soigne sans que nous échangions un seul mot. Jusqu'à ce que je comprenne qu'il ne parle pas un traître mot de notre langue.

C'est un aviateur anglais abattu, arrivé Dieu sait par quel miracle dans les mains du père Kenneth. J'ai su longtemps après – décidément, on ignore bien des choses quand on est en guerre – que son église de l'avenue Hoche était l'un des points de chute donnés aux pilotes alliés s'ils venaient à être abattus en région parisienne. Mais, même sachant cela, il y avait de quoi être étonné : comment ce jeune homme avait-il pu traverser une ville occupée dont il ne parlait pas la langue, les mains brûlées et cette espèce de lambeau d'uniforme sur les épaules ?

Par la suite, j'ai soigné au moins un autre blessé. Le père Kenneth m'a pris sous son aile, et je l'aide à fabriquer un certain nombre de faux certificats de baptême, ainsi que des papiers irlandais, dont je préfère ignorer les destinataires.

Nous habitions alors avenue Hoche. À ce moment, Maurice et Bijou étaient priés de ne pas quitter leur chambre. Le père Kenneth et moi, nous passions de longs moments à la table du salon à établir des documents falsifiés aussi vraisemblables que possible.

Et tout ça partait dans son réseau.

Je suppose qu'il me confierait bien d'autres tâches, mais nous avons déménagé et surtout je me consacre entièrement à l'hôpital, où Claire Heyman fait désormais régulièrement appel à moi.

Cette fois, il ne s'agit plus seulement de prolonger le séjour des malades ou de truquer les diagnostics, mais de participer au sauvetage des enfants.

Tout a commencé quelque temps après la grande rafle, alors que nos services commençaient à s'encombrer de malades, jeunes ou vieux. Un jour, j'entends une voix m'interpeller alors que je traverse le parc entre deux pavillons.

C'est Claire Heyman :

— Colette, j'ai à te parler, me dit-elle.

Un rapide coup d'œil aux alentours avant de continuer la conversation d'un ton parfaitement anodin.

— J'ai un service à te demander. Il faudrait sortir des enfants. Tu peux t'en charger ?

Sortir les enfants, c'est très clair : cela veut dire les faire s'évader.

Pendant quelques secondes, je sens monter une bouffée d'émotion. C'est donc elle qui dirige le réseau.

Au fond, je ne suis pas si surprise. Assistante sociale, Claire Heyman sait tout des enfants malades. Si certains membres de leurs familles sont restés libres, elle peut les approcher et leur demander de les recueillir. Et s'il n'y a pas de famille, elle connaît tous les orphelinats, les associations religieuses ou laïques, tous les débouchés qui pourraient apporter le salut.

Et puis elle est sans doute l'une des mieux placées pour recruter des complices à l'intérieur de l'hôpital, comme elle le fait pour moi.

C'est extrêmement risqué, c'est même fou. Car ces gamins appartiennent à l'administration nazie, ils sont prisonniers, fichés. J'imagine qu'avant d'organiser l'exfiltration, elle doit rayer leurs noms des registres, faire en sorte qu'ils ne soient jamais *officiellement arrivés*. Effacer leurs traces administratives. Je réalise que c'est sans doute elle qui organise les disparitions de nourrissons, à la maternité.

Et tout ça dans une annexe de Drancy, l'antichambre de la déportation. L'un des lieux les plus surveillés de France. N'importe quel directeur de prison le sait : c'est de l'infirmerie ou de l'hôpital que les détenus tentent le plus souvent de s'évader. C'est le cas dans tous les pays, dans tous les bagnes du monde. Feindre la maladie, se faire porter pâle ; profiter de l'hospitalisation pour se faire la belle.

Toutes ces pensées me traversent l'esprit alors que je la regarde. D'apparence, elle est insoupçonnable, une jeune femme simple et tranquille, sérieuse et discrète. Mais c'est une chef de guerre qui prend tous les risques pour les enfants.

J'accepte aussitôt.

— Quand ? Et que faut-il faire ?

Elle me sourit, l'œil brièvement posé sur mon étoile, sur la blouse, puis sur les allées autour de nous.

— Reviens ce soir. Sans l'étoile. Je t'attendrai à mon bureau et je te dirai quoi faire.

La journée se déroule sans incident, je passe chez moi pour avertir que je rentrerai tard, et lorsque je reviens le soir, l'hôpital s'est doucement enfoncé dans la nuit. Le parc est vide, sombre, seules quelques rares lumières brillent aux fenêtres de certains pavillons. Dans sa guérite, le policier de garde me salue vaguement, figé dans son ennui. Je n'ai vu qu'une partie de son visage éclairé d'une ampoule. Il doit croire que je viens prendre une garde de nuit.

Mais une fois le porche passé, je me dirige non pas vers le pavillon de médecine, mais vers celui où se trouve le bureau de Claire Heyman. Tout est désert, mes pas résonnent dans le couloir vide. Elle referme la porte derrière nous après un bref regard d'inspection.

— Nous avons un peu de temps, me dit-elle en se rasseyant. Tu dois t'occuper de deux enfants, mais je te les présenterai plus tard. J'espère que tu as de bonnes chaussures ?

— Normales, dis-je, un peu surprise. Pourquoi ?

— Parce que tu ne peux pas prendre le métro. Tu vas devoir marcher. Tu dois aller dans le quinzième, rue d'Alleray, tu connais ?

Je ne m'y attendais pas, mais bien sûr ces gamins n'ont pas de papiers ; il n'est donc pas question de voyager en métro, trop dangereux à cause des contrôles. Claire me montre le trajet sur un plan : descendre vers la Seine, remonter de l'autre côté jusqu'à la place Denfert-Rochereau, ensuite filer vers le quinzième : plus de huit kilomètres.

Autrement dit, pas loin de deux heures de marche avec deux enfants sur les bras.

— Avance normalement et ne regarde pas tout le temps autour de toi, me dit-elle en m'entraînant vers une petite pièce, plus loin, où attendent deux petits que je n'ai jamais vus (j'ai supposé par la suite qu'ils étaient hébergés à l'orphelinat).

La plus grande, la fillette, doit avoir six ans. Elle devait attendre plus ou moins mon arrivée, car elle ne paraît pas surprise. Elle est pâle, sans doute à cause de l'heure tardive, mais aussi d'inquiétude. Son frère a moins de trois ans, il a à peine remarqué notre arrivée.

— Alors, on va partir tous les trois ? dis-je à l'aînée avec un sourire tendu qui se veut rassurant.

À vrai dire, je n'en mène pas large. Traverser la ville avec ces deux gamins, en toute illégalité et avec ce que je risque…

La petite fille hoche le menton sans dire un mot, les yeux remplis d'un mélange de terreur et de confiance qui me serre le cœur.

— Ne t'inquiète pas, lui dit doucement Claire Heyman. Je t'ai expliqué : la dame qui t'emmène est très gentille, tout ira bien. Il faudra être courageuse, d'accord ?

Nouveau hochement de tête.

Nous avons quitté le bâtiment, et je me souviens des petits pas du garçon. Il n'allait pas bien vite et je m'étais arrêtée pour le porter, un peu surprise de le trouver aussi lourd. Puis nous sommes allés tous les quatre jusqu'à la morgue, accolée à l'enceinte de l'hôpital. Une porte ouvre sur la rue Santerre, elle n'est pas surveillée.

Nous avançons à pas précautionneux dans le noir, moi déjà essoufflée et les bras tendus sous le poids du garçon. Et j'allais devoir marcher près de deux heures ! En principe, la porte de la morgue est verrouillée, mais pas ce soir, comme je m'y attendais. Derrière, un gouffre noir : la rue Santerre, totalement vide. Claire ouvre le battant, contrôle en un coup d'œil. Précautions rapides, elle ne doit pas faire ça pour la première fois.

Qui d'autre que moi sort des enfants ?

— Et n'oublie pas, me dit-elle en me faisant signe que la voie est libre : rue d'Alleray. Tu ne peux pas te tromper de numéro : c'est un grand porche avec une croix au-dessus. Tu te souviendras ? Tu n'as qu'à sonner, on t'attend. Pas besoin de donner de noms ; les gens sont au courant là-bas.

Nous avons échangé un regard, j'ai pris une grande inspiration et je suis partie.

Le moment le plus dangereux du trajet se trouve à son commencement, rue Santerre : je pourrais croiser n'importe qui travaillant à l'hôpital, médecin, patient, policier, n'importe qui n'approuvant pas les sauvetages d'enfants. Une interne de vingt ans brusquement débarrassée de l'étoile jaune, filant dans le noir avec deux enfants inconnus… Mon cas n'aurait pas été difficile à enquêter.

Je commence donc à respirer en m'approchant de la place de la Nation avant de prendre la direction de la Seine. Respirer étant un bien grand mot, car, au bout de quelques minutes, je suis en sueur et hors d'haleine. Le petit garçon pèse abominablement lourd ; j'ai l'impression de porter un bloc de plomb. Comme certains enfants, il ne pense pas à s'agripper à mon cou et du coup glisse en permanence sur mes hanches. Je dois le repositionner tous les cinq cents mètres, d'un coup de reins. L'exercice se transforme vite en martyre. Heureusement, sa sœur trotte à mes côtés dans le noir, sans un regard et sans un mot. Je sens sa petite main bien accrochée à la mienne, je suis sa bouée dans un océan d'incertitude.

Nous traversons la Seine vers la gare d'Austerlitz. Paris dort sous une chape d'obscurité et de silence, les passants sont rares, les voitures, encore plus. Une heure plus tard, je chemine toujours, épuisée et le coude en compote. Mais pour rien au monde je ne me serais arrêtée plus d'une minute ; ce serait une façon de me faire remarquer et je ne le veux à aucun prix. Dans mon esprit, je suis une jeune fille raccompagnant ses neveux chez eux ; raison pour laquelle je n'ai ni papiers ni bagages.

Ces excuses, je suppose, auraient été bien dérisoires si l'on nous avait arrêtés, mais heureusement ça n'est pas arrivé. Au bout d'un temps qui me paraît interminable, j'arrive quartier Montparnasse. J'ai fait une ou deux pauses pour reprendre mon souffle, et surtout pour essayer de faire à nouveau circuler le sang dans mon bras endolori. Comment diable ce petit bonhomme haut comme trois pommes peut-il peser autant ? Par chance, les deux gosses ne disent rien et ne se plaignent pas. Ils me font penser à des petits animaux traqués, dont les seules pauvres ruses sont le silence et l'immobilité.

Enfin, la rue d'Alleray.

Derniers pas jusqu'au numéro que m'a indiqué Claire, un porche assez imposant en pierre de taille et surmonté, comme elle me l'avait dit, d'une croix: De toute évidence, c'est une institution religieuse, monastère ou couvent. Après avoir sonné à la cloche, je n'ai pas à attendre longtemps. Un œilleton s'ouvre, puis la porte, dans un lourd grincement. Deux mains sortent de l'ombre, je pose le garçon au sol, les reins et les bras en feu, et pousse gentiment la petite fille.

Elle me lance un dernier regard, plein d'interrogation.

— Tu es arrivée, lui dis-je. Va, c'est là.

Elle hésite encore et je dois la faire avancer de nouveau, tout doucement.

J'ajoute un peu bêtement :

— J'ai les enfants.

Personne ne prend la peine de me répondre.

La porte cochère se referme lentement, et les deux enfants sont avalés dans l'obscurité, toutes traces effacées. Sans doute qu'ils ne resteront pas là. Il y aura d'autres trajets de nuit, d'autres silences, d'autres mains tendues dont je ne saurai jamais rien. Mais l'essentiel est là : ils sont saufs, loin de Drancy et de la gare du Bourget.

Je fais quelques pas pour reprendre mon souffle, vidée et épuisée, trempée de sueur, avec l'impression qu'on m'a coincé le coude sous un tonneau. J'ai un long trajet à faire pour regagner ma maison et je dois me dépêcher avant le couvre-feu.

J'ai fait un compte-rendu à Claire Heyman. Elle m'a remerciée et souri, et nous en sommes restées là.

La peur est venue plus tard, nourrie de ces évidences qui vous viennent à la réflexion : peur d'être surprise dans la rue, de se tromper d'endroit, peur que les enfants ne se laissent pas faire, qu'ils se mettent à crier en pleine rue. Après tout, je ne les connaissais pas, et ils ne comprenaient pas forcément où ils allaient.

Mais rien de tout ça n'est arrivé, alors…

Plus de quarante ans après la guerre, j'ai assisté à une réunion publique consacrée à l'hôpital Rothschild, lors de laquelle j'évoquai ce premier sauvetage. À la fin, une femme est venue me voir, la soixantaine, petite, un regard inquiet que les cernes de khôl rendaient plus sombre encore.

Elle m'a raconté son histoire d'une voix incertaine.

En 1942, elle avait huit ans, et son frère, un peu plus de trois. Après l'arrestation du père un an plus tôt, leur tour était venu lors de la rafle du Vél'd'Hiv. À ce moment-là, elle avait la gale.

— Colle-toi à ta sœur, avait commandé sa mère au petit garçon, comme ça, il l'attrapera lui aussi et ils vous prendront à l'infirmerie.

Bonne idée : à force de se toucher et de se frotter, le frère et la sœur avaient été évacués à Rothschild. La mère, qui avait fait une mauvaise chute et souffrait du dos, les y avait accompagnés.

Mais un jour, elle avait disparu de l'hôpital et, lorsque le petit garçon s'en était aperçu, il avait fait une crise de nerfs. Il courait dans le parc en appelant sa maman, il avait fallu l'arracher à un arbre où il s'agrippait en hurlant, il en était même tombé malade, une violente dépression. Par la suite, les deux enfants étaient restés plusieurs mois à l'hôpital. Elle n'en gardait aucun souvenir particulier, à part celui des barbelés autour des pavillons. Tous deux étaient absolument inséparables, la petite fille avait reçu une ultime consigne de sa mère avant qu'elle ne disparaisse :

— Surtout, tu gardes ton frère, tu restes avec lui.

Elle lui avait obéi pendant toute la guerre et même après.

Selon cette dame, tante Claire – c'est ainsi qu'elle l'appelait – *les avait fait sortir*. Comment et quand, elle n'en savait rien. Elle ne se souvenait que d'un trajet, en car ou en camion, cachés sous des couvertures. Ils étaient arrivés dans un château dont elle n'a jamais su le nom. On avait décousu leurs étoiles et ils avaient reçu un nouvel état-civil plus discret.

— Maintenant, tu t'appelles Durand, lui avait-on dit. Durand et plus rien d'autre, c'est compris ?

À la Libération, elle avait trouvé refuge à l'orphelinat de Rothschild, sans jamais être séparée de son frère. Tante Claire venait les voir régulièrement, comme une maman de substitution. Ils ne s'étaient jamais perdus de vue, jusqu'à la fin. Un jour, elle leur avait confirmé au détour d'une conversation qu'elle était bien l'organisatrice des évasions. Sans ajouter de détails.

À bien y réfléchir, c'est peut-être la seule personne à qui Claire Heyman ait aussi clairement exposé son véritable rôle.

Je me suis tout de suite imaginé que cette femme et son frère étaient les deux enfants que j'avais sauvés sous les ordres de Claire, mais elle était persuadée que non : dans son souvenir, l'évasion s'était faite de nuit, certes, mais dans un car ou un camion et sous une couverture. Le trajet à Paris ne lui disait rien.

Alors, que sont devenus les deux petits que j'ai sortis ce soir-là ? Est-ce cette femme et son frère ? D'autres ? Je ne le saurai jamais, mais après tout, ça n'a pas d'importance. Rien d'autre ne comptait que de sauver les enfants.

Je me souviens d'avoir fait s'évader au moins deux autres petits prisonniers, toujours de la même façon :

en passant par la porte de la morgue, de nuit et sans l'étoile. Si longtemps après, mes souvenirs sont imprécis. Et puis, tout s'est fait dans le secret, en silence, en essayant toujours d'en savoir le moins possible, comme je l'avais fait pour les aviateurs blessés. Une fois la guerre finie, j'ai voulu tirer un trait sur ce que j'avais vécu. C'était trop douloureux.

À force, j'ai presque fini par oublier pour de bon.

Combien d'enfants ont été sauvés, nul ne le sait. Comment aurait-on pu en faire le compte, sur quels registres aurait-il fallu l'écrire ? Lorsque j'ai rencontré cette dame qui avait été sauvée par Claire Heyman, elle m'avait fait part d'un fait troublant : après la guerre, elle avait éprouvé les plus grandes difficultés pour faire ses papiers d'identité. Il n'y avait aucune trace de son passage ou de son existence nulle part, et surtout pas à l'hôpital. Administrativement, elle n'existait plus.

C'était la confirmation de mon intuition, que ces enfants avaient été sauvés physiquement, mais aussi *administrativement*, comme tous ces nourrissons de la maternité déclarés mort-nés. L'épidémie masquait un réseau d'évasion. J'ai longtemps cru que nous n'avions sauvé qu'une vingtaine ou une trentaine d'enfants. Je crois maintenant que je suis loin du compte.

Mais combien au total ?

Plusieurs dizaines, plusieurs centaines ? Nul ne le saura jamais. Seule Claire Heyman aurait pu le dire, mais elle est morte sans laisser de témoignage.

Je ne sais pas s'il faut le regretter ou non.

Car mon vrai regret, mon éternel regret, n'est pas celui-là.

16

Danielle

Ce jour-là, j'ai dû m'habiller, comme chaque jour, prendre un café (un faux café certainement), et sans doute que mon père m'a reproché comme chaque jour de prendre trop de risques en continuant à me rendre à l'hôpital avec mes faux papiers. J'ai quand même pris le métro et je me suis arrêtée chez Gougoutte pour y passer la blouse blanche avec l'étoile, comme chaque jour.

Dans leur guérite à l'entrée, les policiers m'ont saluée. À force, on finissait par se connaître, un peu comme entre collègues. Certes, des collègues bien différents des autres, qui nous rappelaient que l'hôpital était une prison, mais parfois on finissait par l'oublier. Certains venaient peut-être à reculons, peut-être même qu'ils faisaient partie d'un groupe de résistance, comme ces flics qui avertissaient les Juifs avant leur arrestation. À bien y réfléchir, ils étaient même un peu nos complices, car aucune disparition d'enfant, aucun séjour prolongé n'avait fait l'objet d'une dénonciation, alors qu'ils étaient aux premières loges, que n'importe quel esprit un peu suspicieux se serait douté de quelque chose…

Comme la plupart d'entre nous, ils étaient tombés sous le charme de Danielle. Comme moi, certains lui consacraient un peu de temps, jouaient avec elle ou lui faisaient de petits cadeaux. Comment aurait-il pu en être autrement ? Ce jour-là, j'avais dû les croiser, elle et sa sœur ; sans doute qu'elle m'avait lancé son bonjour avec sa voix claire, qu'elle avait serré ses petits bras autour de mon cou et que je lui avais demandé comment elle allait et ce qu'elle ferait de sa journée.

— Je te laisse, je vais travailler. On se reverra sûrement tout à l'heure.

La journée s'est passée, une journée banale sans doute. Autour de moi, tout était en place, comme le décor d'une tragédie, avec ses personnages qui avancent vers leur destin, et personne n'y peut rien.

Dans tout groupe humain, il se trouve toujours des hommes plus serviles et lâches que d'autres, ou alors dénués de scrupules. Sur son visage, ça ne se voyait pas. Il était encore assez jeune, peut-être la trentaine, mais il avait l'air d'un homme installé, un homme sérieux, tranquille, sûr de lui, qui sait ce qu'il fait et pourquoi il le fait. Nous l'avons vu arriver dans son costume sombre, anonyme, un fonctionnaire parmi d'autres. Il ne me semblait pas l'avoir déjà croisé.

— Je suis le docteur Bordier[1], médecin des hôpitaux, a-t-il déclaré au chef de service. C'est moi qui dirige l'infirmerie de Drancy.

1. Le nom a été modifié.

La nouvelle fait le tour des services en un éclair. C'est un contrôle décidé par Drancy, donc par les Allemands. Comme ils n'arrivent pas à remplir le prochain train, ils envoient leurs sbires. Et cette fois, c'est encore pire : ce n'est pas un militaire ou un policier, mais un médecin. On ne pourra pas tricher.

Il commence son inspection, Gougoutte sur les talons, les traits impassibles en apparence, mais elle ne doit pas en mener large. De loin, je le vois marcher de lit en lit, poser ses questions sans se presser, scruter les détenus hospitalisés sans même consulter leurs courbes de température, leurs radios ou leurs dossiers médicaux.

Le temps semble suspendu, chacun mène ses petites tâches sans y prêter attention, comme des figurants dans un film. Tous, nous lorgnons en direction du petit groupe, le plus discrètement possible. Et nous échangeons des regards qui veulent dire : « Pourvu que ça se passe bien. Pourvu qu'il ne soit pas aussi dur qu'il en a l'air. » Ce Bordier, personne ne le connaît, et nous essayons de nous rassurer. Quand même, il ne peut pas être aussi fou que Dannecker, le nazi qui avait frappé les malades et menacé Leibovici de son arme.

Non, ça ne peut pas être aussi terrible.

Peut-être même qu'il sait pour les enfants sauvés, qu'il ferme plus ou moins les yeux.

Après notre pavillon il en visite un autre. À cette heure-là, en principe, beaucoup de malades prennent l'air, d'autant que le printemps s'installe doucement. Pourtant, il n'y a pas grand monde parce que nous avons fait passer la consigne à nos patients d'avoir l'air le *plus malade possible*.

Est-ce pour cette raison que Bordier a remarqué Danielle ? Je ne sais pas. En tout cas, il la surprend qui joue tranquillement dans le parc.

— Qu'est-ce que c'est que ces gosses ?

Contrarié, il dévisage Gougoutte.

— Ce sont des petites filles. Elles sont malades. Sans doute une primo-infection…

Bordier lui répond d'un regard noir.

— Elles n'ont pas l'air bien malades. Une primo-infection ?

— C'est-à-dire… Oui. La plus grande a des angines à répétition. L'autre aussi d'ailleurs. Elles sont assez fragiles. Elles sont toujours mieux ici qu'à Drancy.

Il hausse les épaules.

— Ces gosses sont parfaitement saines. Qu'on les renvoie à Drancy tout de suite.

— Mais… il y a un risque. Elles sont fragiles…

Un silence, interminable. Il examine Gougoutte avec attention, le visage inexpressif. Puis, de loin, jette un œil en direction de Danielle, mais pas comme sur une enfant, comme sur une chose dangereuse, sale. Au mieux, un nom sur une liste. Mais pas une enfant.

Moi aussi, je l'observe, de loin. Il a la trentaine, bien mis, bien coiffé, rempli de son importance et de son titre. À quoi pense-t-il à cet instant ? Il est médecin des hôpitaux, un bon poste à son âge. Il a postulé pour travailler à l'infirmerie de Drancy. Il connaît les conditions de détention et celles des départs, il ne peut pas croire plus que nous à un quelconque travail à l'Est. Il sait que personne ne donne de nouvelles, une fois arrivé là-bas en déportation. Il sait que certains préfèrent se suicider plutôt que de monter dans les convois.

Il sait.

Il aurait pu servir dans des dizaines d'hôpitaux ou en ville, faire mille autres choses dans mille autres endroits. Mais non, il est là, auxiliaire méticuleux des Allemands, comme s'il était important pour lui que cette petite fille prenne bien le train avec ses parents. Comme s'il ne pouvait pas fermer les yeux pour une fois, montrer un peu d'humanité.

Imbécile et minutieux.

Je le déteste déjà. Une bouffée de haine monte en moi, à me faire rougir les joues, me faire trembler. *Va-t'en, mais va-t'en. Laisse-les, salopard !*

Danielle et Céline s'étaient arrêtées de jouer, elles le regardaient, sans peur, vaguement méfiantes tout de même.

— Renvoyez-les à Drancy. Elles n'ont rien à faire là.

Il tourne les talons. Dossier clos. Mais pas pour Gougoutte, qui continue à trotter à ses côtés, indifférente aux risques qu'elle prend.

— Mais enfin, vous savez bien, docteur. Elles sont bien mieux ici qu'à Drancy.

— Elles ne sont pas malades, elles n'ont rien à faire ici.

— À Drancy, elles retomberont malades. Elles auront peut-être la tuberculose.

Il marchait toujours, l'air pincé.

— Il y a des dizaines de gosses là-bas et ils s'en sortent très bien.

— Si on les renvoie, elles seront déportées. Et les parents aussi. C'est…

Cette fois, il s'arrête net en fixant Gougoutte.

— Comment vous appelez-vous ?

Elle décline son nom et ses fonctions, rougissante. Jamais sans doute elle n'a osé interpeller un supérieur de cette manière.

— Vous êtes surveillante, *mademoiselle*, dit-il en la toisant soudain de très haut. C'est bien cela ?

Elle hoche la tête en avalant sa salive.

— Alors, contentez-vous de votre travail de surveillante. Je comprends que vous vous attachiez aux patients, mais ils ne vous appartiennent pas. Vous me comprenez ?

— Bien sûr, docteur, mais elles sont…

— Ces Juifs sont internés à Drancy. Cela veut dire qu'ils ont été raflés et qu'ils appartiennent aux autorités du camp, et par conséquent aux Allemands. Vous savez ce que ça veut dire ?

Gougoutte hoche la tête, blême de rage et d'impuissance. À cet instant, j'ai pitié d'elle et j'aimerais aussi être à sa place pour cracher à la figure de ce salaud, lui dire de fiche le camp, de nous laisser, de laisser les gosses. Je sais qu'elle aimerait aussi le faire. Et je subis la brûlure comme elle, cette honte de me sentir une esclave, condamnée à courber l'échine devant une ordure.

— Ça veut dire, reprend doucement Bordier, que je dois rendre des comptes aux Allemands. Et vous savez ce que ça veut dire, n'est-ce pas ? Alors, pas de ça avec moi, mademoiselle. C'est un hôpital, ici, pas un pensionnat. J'espère que vous saurez vous en souvenir.

Il reprend sa marche vers un autre pavillon, et Gougoutte lui emboîte le pas. Cette fois il s'arrête net, se retournant d'un bloc.

— Vous n'avez pas compris ?

— Si. Mais je...

— Vous devriez déjà être dans votre service, à vous occuper du transfert. Et maintenant, mademoiselle, j'ai un bon conseil à vous donner : ne vous mêlez plus des affaires des médecins et faites en sorte que je n'entende plus parler de vous.

Bordier a passé à l'hôpital tout le temps qu'il lui fallait, indifférent et impitoyable. Personne n'ose plus lui parler à nouveau des fillettes. À quoi bon ? Gougoutte a été aussi loin qu'on pouvait aller.

Cet après-midi-là, personne n'a beaucoup travaillé. Les deux petites filles ont été brusquement placées dans une chambre, comme s'il fallait les préserver d'on ne sait quoi. Je suis passée voir Danielle en lui disant que ça s'arrangerait peut-être, que ça s'était toujours arrangé jusque-là. Mais j'ai du mal à croire à ce que je lui dis.

— On va retourner voir maman, c'est ça ?

Elle me regarde avec une lueur nouvelle dans les yeux. Peut-être d'espoir, mais aussi de peur. Le monde autour d'elle s'est fissuré.

— Ce n'est pas sûr. Pour l'instant, vous êtes encore ici.

À ces mots, je sens les larmes monter et je détourne la tête. Je l'ai dit, mais je n'y crois plus. Goût amer de la défaite.

— Le monsieur a dit que je devais aller à Drancy. Céline aussi, elle dit qu'on va retourner à Drancy.

— Je ne sais pas.

Dans son regard renaît la même crainte, la même tristesse que lors de son arrivée ici, six mois plus tôt. Pourquoi n'avons-nous rien fait, pourquoi est-elle toujours là ?

— Je repasserai, lui dis-je avant de quitter la pièce.

Nous avons attendu un peu, le temps que Bordier quitte enfin l'hôpital, non sans laisser des consignes strictes.

La journée finissait doucement avec un soleil de printemps qui rasait la pelouse, un ciel doux, chargé de nuages légers, presque pas de vent. Rien n'avait changé et pourtant le décor paraissait maintenant désolé, un lieu absurde et sans espoir avec tous ces murs, ces portes inutiles. Nous avions fini par croire que nous protégions réellement Danielle et sa sœur, que l'hôpital était un abri solide ; nous avions oublié les barbelés et les convois vers l'Allemagne. D'un coup, la réalité s'imposait, terrible et brutale, et sans issue. Comme un cauchemar qui surgit après un long oubli, intact, et vous anéantit en quelques secondes.

Claire Heyman avait forcément essayé de faire sortir les filles, mais ça n'avait pas été possible ; maintenant, c'était trop tard. Il y aurait eu une enquête, des représailles, le réseau aurait été mis en péril, et tous les malades.

Gougoutte nous écoute refaire l'histoire, proposer je ne sais quelles solutions ridicules, nous indigner, traiter Bordier de tous les noms ; elle répond à peine, le regard éteint.

J'ai fini mon service dans un état second, entre rage et abattement, sans presque voir les patients qui me faisaient face. Je n'arrivais pas à concevoir qu'on m'arrachait vraiment Danielle, que tout ça était vrai, qu'elle repartait vraiment vers Drancy et qu'elle monterait vraiment dans un train. On ne pouvait pas faire de telles choses.

Vers la fin de l'après-midi, j'entends un pas se rapprocher de moi, de gros souliers cloutés qui me font sursauter.

— Mademoiselle Brull ?

Je me retourne. C'est l'un des policiers de faction, les traits défaits, si bien que je crois un instant qu'il vient m'annoncer une autre catastrophe.

— Qu'est-ce qui se passe ?

— Vous savez, pour la petite ?

Je confirme en me souvenant d'un coup que j'ai parfois vu cet homme avec Danielle. Il doit être père de famille, avec peut-être une fille qui lui ressemble. J'oublie instantanément son uniforme, il n'est plus qu'un papa inquiet, un homme de chair et de sentiments, qui a dû jouer avec elle, peut-être ri avec elle, l'a peut-être soulevée dans ses bras.

Il est comme moi, il ne comprend pas, il n'accepte pas. Brièvement, il jette un œil alentour avant de reprendre la parole :

— Bordier (il chuchote presque son nom) a marqué les filles sur les listes. Nous, on ne peut plus rien faire.

Un vertige me prend. Je ne comprends pas ce qu'il me veut. Je le sais bien, qu'ils ne pouvaient plus rien faire. Alors, que veut-il me dire ?

— Mais nous, on n'est pas obligés de les faire partir *aujourd'hui*, reprend-il sur le même ton. Il faut commander le camion, tout ça. On peut attendre…

— Combien de temps ?

Un fol espoir fait soudain tambouriner mon cœur. Il le comprend et secoue le menton d'un air désolé.

— C'est pas ça ce que je voulais dire, docteur. Seulement jusqu'à demain. Demain matin, le camion sera là. Ensuite, avec les collègues…

Il se tait brusquement, les mots mouillés qui se bloquent dans la gorge. Je me sens soudain terriblement proche de lui. Nous partageons la même impuissance. Déjà les mêmes remords.

— Mais il faut faire quelque chose, reprend-il. On peut pas les laisser partir.

— Je sais bien qu'on ne peut pas. Mais qu'est-ce qu'on peut faire ?

Il me regarde en cherchant ses mots, avec des coups d'œil furtifs vers le parc. Le jour hésitait à se coucher, on voyait le bas du ciel bleuir dans le lointain.

— Je sais pas, répète-t-il obstinément. Avec les collègues, je me suis arrangé pour que ce soit seulement demain matin. Ça vous laisse la soirée…

Ses yeux bleu délavé sont ceux d'un homme dans la force de l'âge mais fatigué, les paupières fripées. Un policier habitué aux petits trafics, aux tricheurs, aux voleurs, peut-être aux assassins, tout sauf un naïf. Il ne pouvait pas ne pas avoir remarqué les disparitions des gamins, ces petits malades qui arrivaient, mais ne repartaient jamais à Drancy.

Mais que veut-il me dire, bon sang ? Que nous fassions s'évader les petites ? Me faire comprendre qu'ils ne diront rien ? Mes pensées se bousculent. Non, c'est impossible. Ils subiraient aussitôt des sanctions, la mise à pied au mieux, l'emprisonnement peut-être. Que veut-il me dire ?

Nos regards se croisent à nouveau, puis il me serre doucement la main avant de retourner à sa guérite, me laissant seule et perplexe. Il y a peut-être un espoir, comme une braise qui continue à rougeoyer dans un feu moribond. On sent que le moindre souffle pourrait soit l'éteindre, soit le raviver.

— Alors, jusqu'à demain, me répète Gougoutte, pensive. Ils t'ont dit ça…

Nous nous sommes réfugiées dans son studio, tout près de l'hôpital. Elle ne paraît ni déçue ni contente.

— Une nuit, répète-t-elle encore, semblant peser le pour et le contre. Ça ne changera rien. C'est trop tard, elles sont fichées.

Je comprends à demi-mot ce qu'elle veut dire : trop tard pour trouver un point de chute à l'extérieur, sûrement. Et sûrement aussi trop tard pour le tour de passe-passe administratif.

Le silence s'installe de nouveau. Elle, perpétuellement enjouée et souriante, me semble soudain sinistre et épuisée. Je ne dois pas être plus vaillante. J'ai pleuré plusieurs fois dans la journée, la fureur se mêlant au désespoir. Et même maintenant je continue à penser à Danielle. À cette heure, elle doit être seule dans sa chambre avec sa grande sœur, à se poser des questions, à sentir la peur qui revient, qui s'installe et grandit, jusqu'à s'emparer d'elle tout entière, comme si rien d'autre n'existait plus.

— Et si je parlais à Bordier ?

Gougoutte me dévisage, surprise.

— À Bordier ? Mais comment ?

— Je peux lui téléphoner.

— À cette heure, il n'est sûrement plus joignable.

— Pas si je l'appelle chez lui.

Je me lève comme un ressort, soudain remplie de confiance, gonflée à bloc.

— Je vais lui expliquer. C'est un homme normal, il doit avoir des enfants. Il va comprendre.

Gougoutte ne trouve pas de mots. Elle ouvre les mains en me regardant me changer de nouveau, chercher ma blouse blanche pour la remettre.

— Allons, Colette. Je ne sais pas…

Je ne l'entends déjà plus.

Lorsque je retrouve la rue, Gougoutte sur les talons, la nuit s'installe déjà. Je traverse la cour d'honneur en direction de l'hôpital, passe devant le guichet des policiers sans même les voir. Rien ni personne ne m'aurait arrêtée. Dans un annuaire, au bureau, la surveillante trouve le numéro de Bordier. Demande la ligne.

— Voyons, Colette. Tu es sûre ?

Je la fais taire d'un geste.

— Qui est à l'appareil ?

C'est une voix féminine, distante et déformée par la communication. Un peu sèche et méfiante aussi, ce n'est pas difficile à percevoir. Je me présente, mon cœur bat à grands coups dans ma poitrine.

— Une interne ?

— Je suis interne à l'hôpital Rothschild. Je dois parler au docteur Bordier.

Un silence.

— Et que lui voulez-vous ?

— Je dois lui parler. C'est une affaire… C'est une question de vie ou de mort. Je dois lui parler.

Ma voix commence à dérailler. Gougoutte me fixe, le visage noyé dans l'ombre du bureau. Il y a un déclic, le grincement d'un fil, l'écho lointain de pas sur un parquet. La personne reprend le téléphone :

— Le docteur ne souhaite pas vous parler.

Je tente d'insister, un flot de paroles monte et je m'aperçois au bout d'un moment que je parle dans le vide. Les articulations de mon poing sont blanches à force de serrer le combiné, comme si j'avais voulu le briser.

— Il ne veut pas me parler, dis-je en raccrochant.

Gougoutte me regarde, presque aussi peinée pour moi que pour Danielle et sa sœur.

— Colette…

Je suis déjà repartie, un petit papier à la main, où j'ai noté l'adresse de ce salopard. Il ne veut pas me parler, eh bien, il va me voir. Je crie presque en traversant de nouveau l'hôpital, puis la rue, montant dans les étages, arrachant ma blouse avec l'étoile et la jetant dans un coin.

Je prends mon sac et je sors dans le même mouvement.

— Voyons, Colette… Et d'abord que vas-tu lui dire ?

— Je lui dirai… Je lui dirai de laisser Danielle, voilà !

Je me tourne vers elle, la vue brouillée par les pleurs.

— Tu te rends compte de ce qu'il fait ?

J'ai crié. Elle me prend la main, mais rien au monde ne peut me calmer.

— Oui, bien sûr que je me rends compte. Mais il ne va pas t'écouter. Tu vois bien ce qu'il a fait. Allons, Colette. Tu connais les risques, pour toi.

— Je m'en fiche bien !

Je me dégage de son emprise dans un grand geste, comme si elle était une ennemie.

Tout le reste se perd dans un brouillard. J'avance dans le métro, je cours dans la rue en scrutant les numéros. Bordier habitait un immeuble parisien, un immeuble cossu. Il se payait un bel appartement avec son bon complément de salaire de médecin de Drancy. La concierge me laisse monter et je frappe à la porte en bois sombre. Des bruits de pas se font entendre, l'intérieur sent le propre et une odeur de repas. Dans l'ombre, derrière le battant à peine entrouvert, deux yeux rétrécis m'observaient avec méfiance.

Et moi, j'étais sur le palier, exigeant, suppliant que le docteur Bordier veuille bien me recevoir, que c'était une question de vie ou de mort, qu'il devait m'écouter, que deux petites filles qui n'avaient rien fait dépendaient de lui, que nous étions tous médecins et que nous avions le devoir de préserver des vies, qu'on n'avait pas le droit de mettre Danielle dans un train comme ça, que c'était une petite fille adorable, que tout le monde l'aimait à l'hôpital, qu'il l'aimerait lui aussi s'il la connaissait et que, si on ne l'aidait pas, elle, on pouvait au moins éviter à ses parents le départ en train.

Je m'épuise pour rien.

La porte ne s'ouvre pas plus d'un ou deux centimètres, juste assez pour laisser entrevoir ces deux yeux mesquins. Verrouillés, égoïstes.

— Le docteur Bordier ne veut pas vous voir, mademoiselle. Vous n'avez rien à faire là. Vous devriez quitter cet immeuble.

D'un coup, je reviens à moi. La menace qui plane dans ces paroles prend soudain son sens. Il ne veut pas me voir. Et si jamais j'insiste, c'est moi qu'on va venir prendre ici. Sans étoile avec mes faux papiers. J'examine le décor comme si je le découvrais. Le dessin en forme de coquille d'escargot de la cage d'escalier, les murs propres, la moquette et ses tringles en laiton. Le silence paisible de cette habitation bourgeoise. D'un coup, les mots me manquent.

Je ne sers plus à rien, il n'y a plus rien à faire. Rien. C'est l'évidence.

La serrure s'est refermée dans un claquement feutré. Des larmes amères coulent sur mes joues tandis que je redescends dans la rue, submergée de tristesse et de dégoût. Et ce dégoût et cette tristesse ne m'ont jamais quittée depuis.

Le camion est arrivé à l'aube à Rothschild.

L'hôpital devait s'éveiller à peine, un matin de printemps souriant, le trajet vers la banlieue, vers Drancy où les deux petites ont retrouvé leurs parents. Il ne me reste plus de Danielle que ses yeux d'enfant, ce grand regard interrogateur, un peu craintif, le même qu'elle avait sur une photo prise par Simon Schwartz, l'interne. On y voit un groupe de médecins en blouse blanche, qui fixent l'objectif, quatre ou cinq portant l'étoile jaune. Et Danielle est au premier rang, réfugiée aux pieds d'un grand médecin, accrochée à son doigt avec un air apeuré.

Et Gougoutte toute souriante, juste derrière elle.

Mais Danielle n'a jamais grandi.

Le camion est parti, et les filles ont disparu. Quelques jours plus tard, plus d'un millier de femmes, d'hommes et d'enfants, de tous les âges et de tous les pays, sont partis en camion vers la gare du Bourget-Drancy, et ils sont montés dans des fourgons plombés.

Deux jours et deux nuits ont passé, les portes se sont ouvertes sur la rampe d'une gare en Pologne, sur des chiens hurlants et de jeunes soldats bien nourris, qui leur ont fait abandonner leurs maigres bagages à coups de crosse de fusil. Et tandis que des ombres nettoyaient déjà les wagons, on a poussé la famille Gradsztejn, les deux filles Danielle et Céline, la maman Maya et le papa Szlama, vers d'autres camions, un court trajet vers de grandes installations, une espèce d'usine dont les cheminées vomissaient une odeur d'épouvante.

17

La fuite

Je suis retournée à l'hôpital sans m'inquiéter d'éventuelles représailles, mais le docteur Bordier se souciait de moi comme d'une guigne. Il n'avait donné aucune consigne à mon sujet. Sans doute n'étais-je pour lui qu'une jeune fille exaltée, un peu stupide, qui ne comprenait pas que les ordres, c'étaient les ordres.

Mon père ne voyait pas les choses comme ça. Mon attitude devenait suicidaire :

— Mais enfin, Colette, tu ne peux pas continuer comme ça, m'avait-il dit quand je lui avais tout raconté. Et qu'est-ce qui se serait passé si ton Bordier avait appelé la police ?

Je m'étais murée dans mon obstination.

— On a besoin de moi à l'hôpital.

— On a besoin de toi libre et vivante. À quoi serviras-tu si tu es arrêtée ?

Je haussai les épaules. Depuis ce qui était arrivé à Danielle (je la considérais comme morte, même si j'étais loin d'imaginer à quel point sa mort était effective et atroce), j'étais plus résolue que jamais à combattre. Enragée, pleine de rêves de vengeance comme un jeune soldat qui voit ses compagnons tomber au combat. Et le remords commençait à me gagner aussi. Il fallait sauver le plus d'enfants possible, vite, arrêter d'être naïfs comme nous l'avions trop été.

Je retournais à Rothschild comme on remonte au front, la peur au ventre.

Les Allemands sont en train de perdre, chacun le sait, eux les premiers, mais ils sont encore puissants. Ils deviennent sauvages, durs. Les rafles se multiplient à l'hôpital. Des visiteurs sont interpellés à l'entrée et mis de côté. On leur fait baisser le pantalon pour voir s'ils sont circoncis. Puis, vérification des papiers et du port de l'étoile.

À la clé, c'est presque toujours l'arrestation.

Pendant les semaines qui ont suivi son départ, j'ai continué à chercher Danielle des yeux, comme si un miracle pouvait me la rendre, la faire surgir au détour d'une allée, à l'entrée d'un pavillon. Mais le miracle n'a pas lieu, bien sûr. Je ne m'habitue pas, et je vois parfois dans les regards que nous échangeons, Gougoutte et moi, un mélange infini de sentiments, l'amertume, la colère, l'impuissance, la crainte de ne pas aller au bout de notre lutte, et la culpabilité de ceux qui survivent.

Les inspections se succèdent. Tantôt, c'est un Allemand qui passe dans les services, tantôt un fonctionnaire de la préfecture, tantôt un médecin contrôleur du même acabit que Bordier. On ne peut rien y faire, et nos cœurs se serrent quand on apprend leur arrivée : c'est sûr, ils repartiront avec leur lot de malades, amère punition. Les patients le savent parfaitement, eux aussi, je les vois se terrer, essayer de s'effacer du monde, d'être invisibles, prier de toute leur âme que leur tour n'arrive pas, pas cette fois-ci. Les nazis reviennent sans cesse à l'hôpital, comme une vapeur toxique que rien n'arrête. Une vapeur qui s'insinue dans nos esprits, les empoisonne.

Un jour, alors que le beau temps s'est installé, je remarque un groupe de curieux au pied d'un pavillon. D'autres les rejoignent en courant. Le parc est assez silencieux ; on entend seulement les chants des oiseaux, mais en m'approchant je perçois aussi les murmures de l'attroupement.

Au début, je ne vois qu'un médecin agenouillé, je distingue un bout de son épaule et son visage de trois quarts arrière. Je pressens l'horreur. Comme dans un songe, le cercle s'écarte pour laisser passer deux infirmières qui arrivent essoufflées, et jettent une couverture au sol. Dans un éclair, j'aperçois alors un corps allongé, inerte, une jambe très écartée dans un angle qui fait mal.

Immobilité absolue, terrifiante.

— C'est une maman de la maternité.

Mon voisin, un patient, me parle à l'oreille alors que les policiers surgissent à leur tour.

— Allons, allons… Il n'y a rien à voir ici. Circulez… Allons…

— On est venus l'arrêter, continue mon interlocuteur. Il paraît qu'elle venait d'accoucher. Elle a sauté avec son môme. Vous vous rendez compte ?

Étrange impression de vivre une hallucination. Ces longues mèches brunes qui dépassent de la couverture, ces policiers qui nous écartent d'un air bourru. Parmi eux, je reconnais celui qui était venu m'avertir, quand on a arrêté Danielle, mais lui, préoccupé par son horrible tâche, ne me voit pas.

— Les gens de Drancy sont venus l'arrêter. Elle s'est jetée par la fenêtre avec son gosse, me répète mon voisin, comme pour se convaincre que tout ça est vrai, que c'est bien arrivé.

Une nausée me saisit. Elle s'est tuée avec son enfant, la chair de sa chair, le bébé qu'elle vient de porter neuf mois et de mettre au monde. Sous le tissu de laine, formant un renflement à peine visible, il y a le corps minuscule du nourrisson que je devine malgré moi.

Je m'éloigne, saisie d'horreur. L'hôpital ne protège plus. Nous ne sommes plus un refuge, l'espoir d'un salut, mais un piège, un réservoir pour les trains.

Je passe le reste de la journée dans un état second, la vision de ces deux corps écrasés comme imprégnée dans mes pupilles.

Il fallait maintenant que quelque chose se passe dans toute cette noirceur.

Et cette chose est finalement arrivée.

Une dame a été admise dans notre service, qui avait un peu perdu la tête, une certaine madame Berg[1]. Je la revois, désorientée, sachant à peine qui elle était et ce qu'elle faisait là. Son histoire est affreuse : un jour, son mari avait entendu du bruit dans l'escalier. Croyant qu'on venait les chercher, il avait voulu voir, et avait passé la tête dans la cage d'ascenseur, qu'il pensait en panne, mais celui-ci s'était brusquement mis en marche. Il avait eu la tête

1. Le nom a été modifié.

broyée sous les yeux de son épouse, qui depuis avait perdu la raison.

À force d'errer sans but dans la rue, elle a été prise dans un coup de filet et placée là. Mais elle ne retrouve pas l'entendement. C'est tout juste si elle reconnaît son nom.

Comme souvent, un inspecteur de police vient d'arriver dans le service. Dans ce cas-là, nous donnons toujours la même consigne aux patients :

— Restez allongés, ayez l'air le plus malade possible.

Mais pour madame Berg, c'est peine perdue. Je ne suis même pas sûre qu'elle comprend encore la signification de ce carré de tissu jaune, cousu sur sa poitrine.

Je m'affaire en surveillant l'inspecteur, qui déambule entre les lits d'une première salle, examinant les dossiers, les dates d'admission et d'opération, cochant ici les noms, posant là des questions. Il emprunte le couloir pour entrer dans une autre salle, je le suis. Et j'ai un coup au cœur : madame Berg trône sur son lit, vêtue de sa plus belle robe, très occupée à peigner sa longue chevelure, un demi-sourire aux lèvres, comme si elle se préparait pour une soirée au théâtre.

Elle n'a rien compris à nos instructions.

Mon cœur se met à battre plus fort, je lui en veux presque. Elle ne peut pas être si bête, quand même. De loin, je lui fais des signes qu'elle ignore superbement. *Allongée... Allongez-vous !* L'inspecteur avance droit sur elle. J'essaye d'attirer l'attention de cette pauvre femme qui n'en finit plus de s'apprêter, de se maquiller, parfaitement à son aise et souriante.

De loin, je lui fais de grands signes de la main :

Allongez-vous, bon sang ! Mais allongez-vous donc ! Ses yeux captent mes gesticulations, mais elle ne s'y attarde pas, comme si j'étais transparente, dévissant au contraire d'un geste lent et précis l'embout de son rouge à lèvres.

L'inspecteur la voit enfin, surpris et bientôt agacé. Il s'arrête à sa hauteur, bien campé sur ses deux jambes, et elle aussi paraît découvrir son existence. Une boucle grise flotte devant son regard incertain. Elle semble très calme, sans l'ombre d'une crainte.

— Madame Berg est un peu désorientée, se dépêche d'expliquer Gougoutte au policier. Elle a besoin de repos pour quelques jours.

L'inspecteur l'ignore.

— Alors ? lance-t-il d'une voix forte à madame Berg. Je vois que vous êtes en bonne santé ?

Je me suis encore approchée, je lui fais signe de la tête. *Non, non, vous ne vous sentez pas bien, vous êtes mal. Vous ne pouvez pas sortir !* Elle n'a pas l'air de comprendre ce qu'on lui veut, elle semble perdue, un peu ridicule avec ses lèvres trop maquillées. Puis soudain elle me découvre en train de m'agiter.

Et sursaute.

Et dans le même mouvement, le flic se retourne. Je faisais encore non de la tête et du doigt.

Un silence de mort s'est abattu dans la salle. Il me scrute, glacial, et, pendant un instant, je crois qu'il va me gifler sur place. Ses yeux fixent mon étoile, puis mon visage. Je sens que mes jambes commencent à trembler.

Pincée, bêtement.

— Vous êtes ?

— C'est une interne, s'empresse de dire Gougoutte, comme si cela pouvait me protéger.

Il la fait taire d'un regard assassin avant de me jauger, comme un juge s'intéresserait à un condamné.

— Allez m'attendre dans le couloir. On réglera ça plus tard.

Du menton, il me montre l'entrée de la salle. Je sors d'un pas lent, mes talons résonnant fort sur le carrelage, puis je me poste à côté du policier de garde. Le sang cogne lourdement à mes tempes. J'ai la gorge sèche, une boule au ventre. À force, ça devait bien arriver. On va me mettre à Drancy, puis dans un train.

On m'admet ici comme interne, pas pour aider les Juifs.

Toutes mes peurs accumulées semblent ressortir d'un coup, cette terreur que j'ai essayé d'ignorer pendant si longtemps. Je tremble en pensant soudain à mes faux papiers. Ils vont m'interroger, vouloir savoir où je loge.

Découvrir notre cachette à Neuilly.

Je me laisse aller, le dos au mur, incapable de fixer mes pensées. À cause de moi, papa sera arrêté. Tout sera ma faute. Soudain, je vois surgir Gougoutte, échappée un instant de la visite d'inspection.

— C'est fait, madame Berg va retourner à Drancy, me murmure-t-elle.

Je lui rends un regard vide. Elle semble alors s'étonner.

— Mais, et toi, qu'est-ce que tu fais là ?

Je lui montre la salle où l'inspecteur note quelque chose dans ses papiers.

— Tu sais bien… Il m'a dit d'attendre.

Un coup d'œil vif en direction du couloir, du policier de faction, à quelques pas de nous.

— Et toi, tu attends. Mais file. File donc !

Comme j'hésite encore, elle me pousse vers la sortie. Ses yeux bleus, toujours rieurs, sont devenus durs, presque méchants.

— Mais…

Je lui montre le flic de garde, à quelques mètres de nous. Lui ne nous observe pas.

— Mais quoi ? fait-elle en me bousculant.

Et je comprends alors que le factionnaire ignore tout de l'incident avec madame Berg. Il a peut-être presque vu l'inspecteur me parler, et encore, ce n'est pas sûr. Notre échange a été des plus brefs. Ensuite, il m'a vue sortir de la pièce et attendre dans le couloir à quelques pas de lui. Et c'est tout, rien d'autre.

Gougoutte me fait un petit signe.

« Continue ! »

J'avance de deux pas, croisant le regard du gardien, qui m'adresse un sourire mécanique avant de reprendre sa rêverie.

L'escalier.

Je me retrouve dehors, les épaules un peu courbées, comme si on allait prononcer mon nom, me courir après. Mais rien. Je traverse le parc à pas rapides, presque en courant, puis le porche d'entrée avec les policiers. Ils me saluent d'un geste. La cour d'honneur, la grille de sortie, le studio de Gougoutte. J'ai le cœur au bord des lèvres. Ce n'est pas possible, ils vont me chercher, au moins essayer. Mais non, tout reste parfaitement silencieux. J'entends des voix d'enfants dans la rue, une voiture à gazogène qui passe. Le métro, très loin.

Une fois que je serai à l'abri chez Gougoutte, tout ira mieux. Si du moins l'inspecteur ne s'aperçoit pas de ma fuite. Je défais les manches de ma blouse, fébrile, avec l'horrible impression que mes mains ne m'obéissent plus. Enfin, je l'enlève, je la fourre sous les draps.

Je prends mon sac, je sors.

Aucun policier. Seuls deux hommes causent à l'entrée de l'hôpital. Je file vers la station Daumesnil sans les regarder, m'efforçant de ne pas courir. L'inspecteur a dû se rendre compte ; il doit commencer à me chercher.

Mais non, toujours pas.

Les quais sont presque vides, c'est une heure inhabituelle pour moi, avec peu de voyageurs. Face à moi, une très jeune femme serre un enfant contre elle. À la fermeture des portes, je suis encore essoufflée, le dos trempé, les jambes en coton.

Puis le métro s'élance dans le crissement des roues d'acier, vers la liberté.

18

Mademoiselle Lecomte

Je n'ai plus jamais remis les pieds à l'hôpital.

Mon père, qui considère ma fuite de Rothschild comme une décision à la fois inévitable et salutaire, se montre heureux de mon retour au bercail. Et ne tarde pas à m'embaucher dans son organisation de résistance.

Il aurait fallu que je sois aveugle pour ne pas comprendre la nature de ses activités depuis sa libération miraculeuse de Drancy. Je me suis habituée à voir des inconnus passer à la maison. Certains déposent un courrier et repartent aussitôt sans desserrer les dents, d'autres prennent un repas.

Un soir, l'un des visiteurs a déployé une grande feuille de papier-calque sur la table du salon. Je l'entends longuement discuter avec mon père et je finis par m'approcher, à sa demande.

C'est un dessin industriel représentant une sorte de grand suppositoire, une bombe avec de toutes petites ailes, mais d'un genre assez nouveau.

— Est-ce qu'à ton avis, ce dessin est complet ? me demande mon père en pointant l'index sur la partie supérieure de l'engin.

J'ouvre des yeux ronds.

— Il a l'air, pourquoi ? Il manque quelque chose ?

Papa fronce les sourcils (je n'arrivais toujours pas à m'habituer à son nouveau visage, sans moustache ni barbe).

— On pense qu'il manque quelque chose pour la propulsion.

Puis il se remet à élucubrer avec son visiteur sans plus s'intéresser à moi.

Plus tard, j'ai su que ces plans volés venaient d'Allemagne ou de Belgique. C'était une fusée V2, l'ancêtre des missiles balistiques les plus modernes.

Bien sûr, tous ces renseignements étaient envoyés à Londres.

Mon embauche a été rien moins que formelle : un soir, peu après ma fuite de Rothschild, mon père me fait venir dans le recoin qui lui sert de bureau :

— Je pense que tu as compris ce que je fais, n'est-ce pas ?

J'incline la tête en attendant la suite.

— Alors, voilà : j'aimerais bien que tu travailles avec moi. Enfin, avec nous. Est-ce que tu veux ?

Je lui fais un grand sourire.

— Qu'est-ce que je dois faire ?

— Je vais te le dire. Mais tu sais ce que ça implique, n'est-ce pas ?

Bien sûr que je le sais. J'ai vu de mes yeux de quoi sont capables les gens de la Gestapo et je suppose qu'ils se déchaînent quand ils tombent sur un Juif. Mais j'en ai trop vu pour me ménager, et je ne leur pardonne pas ce qu'ils ont fait à Danielle et à sa sœur.

En termes vagues, il m'explique alors que son organisation transmet des informations à Londres. C'est essentiel pour les alliés qui préparent le débarquement.

— Le renseignement, c'est le cœur de la guerre. Sans renseignement, on agit dans le vide. Plus les Alliés en sauront sur les boches, plus vite ils les battront. Nous sommes leurs yeux et leurs oreilles sur le continent.

Nous étions des espions dans notre propre pays.

J'ai dû attendre la fin de la guerre pour savoir qu'il s'était servi de ses relations dans le monde industriel pour recruter des ingénieurs et des scientifiques au cœur même des usines qui travaillaient pour le Reich. Le réseau auquel il appartenait, Goélette, dépendait directement du BCRA, les services secrets de la France libre[1].

Sur le moment, il ne m'en a pas soufflé mot.

Il se contente de m'abreuver de consignes de sécurité. Comme à l'hôpital (je ne lui ai rien caché de la filière d'évasion), je fais partie d'un groupe, même si je n'en connais aucun membre, à part lui, mon recruteur. Je dois être prudente dans la mesure du possible, m'en tenir strictement aux consignes et à rien d'autre.

---

1. Créé en juillet 1940 par le général de Gaulle, le BCRA (Bureau central de renseignements et d'action) est le service de renseignement et d'action de la France libre, agissant souvent de concert avec l'Intelligence Service, son équivalent anglais, ou le SOE (Special Operations Executive), créé par Churchill en 1940. Il est l'ancêtre de notre actuel service de renseignement et d'action, la DGSE (Direction générale de la sécurité extérieure).

— Je te donnerai des ordres et tu devras les suivre. Si tu dois rencontrer quelqu'un, sois toujours sur tes gardes. Sois toujours un petit peu en avance sur l'heure, mais pas trop. Tu en profites pour vérifier s'il y a des gens qui traînent, qui ont l'air d'attendre aussi. Si quelque chose te paraît anormal, tu ne restes pas, tu files. Mais tu files tranquillement, comme quelqu'un qui se promène, c'est compris ?

J'acquiesce.

— C'est bien compris ? dit-il à nouveau, me scrutant comme un officier sonde l'un de ses hommes.

Je hoche la tête, impressionnée. Une nouvelle guerre commence.

J'ai un nom de code : mademoiselle Lecomte.

On m'a demandé d'apprendre par cœur une phrase repère un peu surréaliste : *On groupe toutes les herbes sous le nom de salade*. C'est, paraît-il, la formalité qui signe mon engagement officiel.

Mais la suite me déçoit : alors que mon vœu le plus cher aurait été de jeter des bombes sur l'ennemi ou de lui tirer dessus à coups de mitraillette, on me demande de relever les emplacements de batteries antiaériennes que les Allemands ont installées sur certains toits de Paris. Je dois aussi noter les numéros de toutes les voitures et décrire tous les fanions que je vois, notamment ceux des officiers généraux. Et j'ai du pain sur la planche : on m'attribue le secteur des cinquième et sixième arrondissements de Paris, bourrés à craquer de boches, en particulier le Sénat et le jardin du Luxembourg, transformés en forteresse.

Me voilà devenue espionne fonctionnaire.

Chaque matin, je pars en métro vers le Quartier latin munie d'un livre, de ma petite gamelle et de ce qu'il faut pour écrire, puis je passe ma journée là-bas, me mêlant l'air de rien aux foules d'étudiants (on ne m'a pas confié cette mission complètement au hasard). Je marche le nez au vent – enfin, plutôt le nez en l'air, essayant de deviner les immeubles où se trouvent ces fameux canons antiaériens. La plupart du temps, on ne voit pas grand-chose depuis la rue ; je dois donc monter au hasard en espérant que les concierges ne me remarqueront pas trop.

Une fois en haut, il y a toujours une ouverture, lucarne, fenêtre ou même une échelle qui mène aux toits en zinc. De là, je peux apercevoir les canons : souvent des tubes jumeaux pointés vers le ciel, qui dépassent d'empilements de sacs de terre. Je ne vois jamais les soldats et, ma foi, ce n'est pas plus mal.

Je note mentalement l'adresse et je redescends, attentive aux bruits dans la cage d'escalier, avec un discours tout préparé en cas de rencontre : je serais venue rendre visite à une camarade de faculté, mais je me serais trompée d'immeuble.

Outre l'exploration des toits de Paris, mes nouvelles fonctions me font découvrir un tas de choses au sujet de l'occupant, que la prudence commande en général d'ignorer. J'apprends la signification des sigles sur leurs plaques d'immatriculation : WH pour l'armée de terre, WM pour la *Kriegsmarine*, SS, et ainsi de suite. Le soir, je transmets le tout à mon père et je file me coucher, recrue de fatigue.

Parfois, on me demande aussi de repérer les locaux où se trouvent des Allemands ou des miliciens, ce qui n'est guère plus intéressant, mais plus risqué. Il y a toujours des gardes armés devant, et les temps sont à la méfiance : les attentats contre les occupants sont devenus monnaie courante ; mieux vaut ne pas avoir l'air de les préparer.

Mais pendant ces quelques mois, j'ai la chance de ne pas être inquiétée. Il faut dire que je ne suis pas la seule à arpenter le pavé. Paris grouille de clandestins, de gens en fuite, de Juifs sans étoile, de mouchards et de trafiquants de tout poil.

De son côté, papa a miraculeusement échappé à une arrestation, fuyant un jour un lieu de rendez-vous qui lui paraissait suspect. L'homme qu'il devait rencontrer a été arrêté et déporté. Nous avons aussi appris, grâce à un policier résistant, un certain Coletta, que la police le cherchait. Les flics s'étaient présentés pour rien avenue Hoche, où ils avaient posé des scellés sur la porte d'entrée.

C'est plus fort que moi : je ne peux pas m'empêcher de penser à l'hôpital.

Gougoutte, Lison, Simon Schwartz, Claire Heyman, que deviennent-ils ? Y a-t-il eu des interpellations ? Ou au contraire continuent-ils à faire sortir des enfants ? Parfois, je frémis d'horreur en m'imaginant que le réseau a été découvert, qu'ils ont tous été pris, torturés.

Je fais tout ce que je peux pour ne plus penser à Danielle et sa famille, mais les souvenirs reviennent, plus forts que ma volonté. Ils sont comme des vagues qui viennent l'une après l'autre, toujours plus fortes. Et dans ces vagues, j'entends le rire de la petite fille, je sens ses doigts dans mes mains, je respire son odeur d'amande. Pourtant, je sais qu'elle est morte. Il est impossible d'imaginer autre chose. Jamais aucun déporté n'a écrit depuis la Pologne ou l'Allemagne. Elle est mon enfant perdue et, dans mon esprit, tout se mêle. Je pense à Bijou, loin de chez nous en Belgique, et des larmes montent sans que j'y puisse rien.

Au fur et à mesure que la fin approche, la répression se fait plus terrible. Les nazis reculent partout, en Russie, en Italie, écrasés de bombardements. On entend parler de combats au maquis, de représailles, d'attentats.

Hiver 1943.

Je me demande tous les jours à quoi sert mon travail : régulièrement, les bombardements nous réveillent la nuit et l'on entend les coups sourds des batteries antiaériennes. Je ne m'habitue pas à ce déchaînement. Derrière, je devine des morts, des immeubles effondrés, des deuils à n'en plus finir. Le lendemain, je recommence à gravir les cages d'escalier et jamais aucun canon n'est détruit. À quoi servent mes informations, alors ?

Puis le printemps est arrivé. Et le jour que nous attendions tous.

Le débarquement. Les Allemands annoncent qu'ils vont rejeter les Alliés à la mer, que c'est un échec. Bien sûr.

Du jour au lendemain, Paris s'est transformé. Alors que les insignes et les fanions n'avaient presque pas bougé depuis l'été, j'en vois tous les jours de nouveaux. C'est la valse des officiers et des unités. Il en vient et il en part tous les jours ; j'arrive à peine à tout noter. Les boches s'affolent. Pendant plusieurs semaines, nous vivons suspendus à la radio. Le débarquement paraît s'enliser en Normandie. Je crains un temps que les Allemands n'emportent la partie, mais mon père est confiant.

— Les Américains ne se laisseront pas faire. Ils ont la supériorité aérienne. Ça craquera forcément.

Et en effet, ça finit par craquer. Après plusieurs interminables semaines, nous apprenons que le front est enfin percé. C'est un désastre pour les boches, un de plus. Une joie sauvage me prend. Ils sont comme nous quatre ans plus tôt (cela me paraissait si lointain, un monde avait changé depuis) : ils reculent en *défense élastique* sur des positions *formées à l'avance*. Ils ont perdu.

Notre petit appartement de Neuilly s'est peu à peu transformé en quartier général ; bien peu de voisins doivent encore croire à notre histoire de paisible famille bretonne réfugiée à Paris. Ça va et ça vient, des gens que je n'ai jamais vus. L'air devient électrique, comme la figure des Allemands qu'on voit dans Paris et qui maintenant nous dévisagent avec une expression mauvaise. Les plus anciens ont l'air au bout du rouleau. Résignés et fatalistes, comme des morts en sursis.

Un soir, mon père me fait venir dans le salon, sous le regard attentif de ma mère. Deux ou trois grenades à manches sont posées sur la table, avec quelques autres, des rondes celles-là. Un pistolet automatique complète le tableau, gros et noir, brillant, bien huilé.

— Je suppose que tu sais ce que c'est ? me dit papa.

Je fais oui de la tête. Il prend l'une des grenades à manche – on dirait un gros marteau avec des inscriptions à la peinture blanches sur la coque en métal.

— Prends-la.

Elle pèse assez lourd et je me sens incapable de m'en servir, moi qui voulais jeter des bombes sur les Allemands. Dans ces cas-là, on s'imagine toujours que l'engin va vous exploser dans les mains avant même qu'on le lance.

— Dévisse le bouchon.

La capsule au bout du manche enlevée, une sorte de boule en porcelaine se balance au bout d'un cordon.

— Ce fil, c'est le détonateur, m'explique-t-il, aussi calme que s'il me parlait d'un clou. Tu tires d'un coup sec là-dessus et tu as cinq secondes pour lancer. Et tu n'oublies pas de te mettre à l'abri, bien sûr.

Je n'en mène pas large tandis qu'il me précise qu'il faut viser l'ennemi de mon bras libre et lancer le machin avec l'autre, le plus fort que je peux. Il nous donne ensuite un cours de maniement du pistolet, armement de la culasse, déverrouillage, éjection-introduction du chargeur. L'arme me semble d'un poids effrayant, les ressorts terriblement durs. À vrai dire, je ne me vois pas utiliser ces choses contre des êtres humains, mais je garde mes doutes pour moi, dissimulant ma frayeur sous un air très sérieux.

Je suppose que, voyant les combats arriver, mon père voulait nous montrer comment dissuader d'éventuels agresseurs. À la fin de la leçon, je lui fais remarquer que nous n'avions pas touché aux grenades rondes.

Il me sourit.

— Je te rappelle, ma petite Colette, que tu n'as jamais été très douée pour les jeux de ballon. Autant éviter de toucher ceux-là.

Dieu merci, je n'ai pas eu à me servir ni des grenades ni du pistolet.

À mesure que le dénouement approche, papa me semble plus sombre.

— Bon sang, ces imbéciles nous font courir au massacre.

Il parle des FTP, les résistants communistes, qui rêvent de déclencher une insurrection sans attendre les Américains.

— Ça va se terminer comme à Varsovie : les boches vont nous massacrer. Ils ont des chars et des troupes, et nous, qu'est-ce qu'on a ? Rien : des jeunes gens avec quelques revolvers... La guerre, ça ne s'improvise pas, surtout contre les boches !

Mes missions ont changé : je porte à présent des messages dans un Paris métamorphosé par les escarmouches, qui peu à peu se transforment en combats urbains. Sous un soleil radieux, la ville est pratiquement déserte. On entend parfois des coups de feu sporadiques, suivis de rafales brutales, puis d'explosions qui vous coupent le souffle. Et tout retombe. Un accrochage. On ramasse les morts et les blessés. Chaque fois, je sens mon cœur se soulever, des frissons me parcourent.

La guerre est dans nos rues, celle qui fait couler le sang sur les trottoirs.

Un matin très tôt – il n'est pas six heures –, je remonte l'avenue Mac-Mahon, près de l'Arc de triomphe. Au petit jour, la capitale est comme morte. Brusquement, un civil traverse l'avenue en courant, armé d'un fusil. Où va-t-il ? Mystère. À part lui et moi, il n'y a personne. Je découvre alors une forme allongée sur le pavé, cent pas plus loin. Un cheval, sans doute tué par une fusillade, le ventre énorme. Lorsque je repasse, quelques heures plus tard, un essaim de mouches tourbillonne autour de la carcasse aux trois quarts dépecée.

Les Parisiens crèvent de peur et de faim.

Plus tard, je croise un jeune couple circulant chacun sur son vélo. Ils tiennent entre eux un petit cercueil, sans doute celui de leur bébé. Les pompes funèbres ne fonctionnent plus. Ils pédalent en silence, indifférents à ce monde absurde.

Souvent, on m'envoie vers la fontaine Saint-Michel, devenue l'un des lieux stratégiques de l'insurrection, face à l'Hôtel de Ville. La population a dressé des barricades plus ou moins bien organisées, où s'entassent grilles d'arbres, sacs de sable ou pavés arrachés au bitume. Des FFI sont postés derrière, armés de bric et de broc, l'air à la fois vengeur et préoccupé. On a vu des morts, des gens brûlés ou déchiquetés par des obus. Et les Allemands se maintiennent dans leurs réduits, d'où ils ripostent durement.

Je dois porter un message plus haut dans le Quartier latin, vers le boulevard Saint-Germain. Je me fige, entendant des explosions formidables, qui roulent en écho entre les immeubles. En un instant, le trottoir s'est vidé, des passants se sont jetés au sol, il est impossible de voir d'où partent les tirs.

Près de la rue de Tournon, je vois un homme plaqué contre le mur, livide. Il m'explique entre deux détonations assourdissantes qu'un char boche posté devant le Sénat prend la rue en enfilade. Je dois passer de l'autre côté pour porter mon message, mais je me sens incapable du moindre mouvement. La terreur m'étreint, les jambes, la gorge et le ventre. À chaque nouveau tir, tout le monde se tasse d'instinct, rentre la tête dans les épaules.

Un autre badaud s'est approché.

— Je m'y connais en blindés, me dit-il après une explosion. De là où il est, il peut pas taper au ras du sol.

Mais il ne se risque pas à traverser. Deux hommes se lancent et passent de l'autre côté à quatre pattes ou en rampant. C'est à la fois ridicule et terrifiant. Tant pis, j'ai des messages à transmettre : je me lance sans réfléchir.

Arrivée de l'autre côté, je me relève, indemne mais fébrile et les genoux écorchés. Et je file, oubliant tout de suite ma peur.

À part le téléphone, tout est hors service : plus de métro, ni d'électricité ou de gaz, nous n'avons plus rien à manger hormis un gros jambon fumé envahi par les asticots et des pommes de terre pourries. Mais personne n'y prend garde ; finalement, la division Leclerc est arrivée avec des Américains, et tout s'est fini dans une liesse explosive. Je n'ai pas de mots pour raconter ce mélange d'exaltation et de soulagement, de regrets, de remords, cette joie folle mêlée de honte des survivants et des humiliés.

Mais je n'en ai pas fini avec la guerre.

Alors que je crois tout terminé, on m'apprend que j'ai signé un engagement dans les Forces françaises combattantes *pour la durée de la guerre*. Pas le choix : me voilà affublée d'un uniforme d'AFAT (auxiliaires féminines de l'armée de terre), avec le grade de sergent-chef. Et je suis furieuse : voilà un an que je rêve de jeter des bombes sur les boches et qu'on me l'interdit. Et maintenant que les combats continuent, on me case comme secrétaire dans un bureau au lieu de m'envoyer au front.

Arrivée en cinquième année de médecine, j'estimais avoir bien mieux à faire que d'être planton dans un ministère. J'entame donc des démarches pour intégrer le service de santé. En attendant que tout se règle, les souvenirs de l'hôpital me taraudent. Mais je n'ai aucune envie d'y retourner, ou plutôt je n'en ai pas la force.

Et pourtant, je dois savoir. Que sont-ils devenus ?

Je me souviens d'avoir franchi les derniers mètres avec appréhension. Plus d'un an a passé depuis ma fuite, et je ne sais rien. Le cœur battant, je sors du métro et prends la rue Santerre. Mais je n'aurai pas la force d'aller plus loin, au-delà du mur d'enceinte. De la rue, je vois la petite cour pavée, exactement telle que je l'avais laissée. Seuls les policiers ont disparu de leur guérite à l'entrée. Au-dessus de leur bâtiment, comme pour laver la honte de leur présence, on a hissé les drapeaux des nations alliées.

La rue resplendit sous le soleil ; je fais quelques pas, indécise. Derrière le mur de brique, je devine les pavillons intacts, les malades qui se promènent, pâles dans la lumière, le chant des oiseaux. Il règne un calme miraculeux et surprenant.

Je dois avoir l'air un peu perdue devant l'entrée de cet hôpital, bien sanglée dans ma vareuse kaki trop neuve, avec mes poches, mes chevrons dorés sur la manche. Je n'entends pas d'enfants, aucun bruit de voix. Juste des passants qui franchissent la porte d'entrée dans les deux sens sans me prêter attention.

Où sont-ils tous passés ? C'est étrange : comme si tout ce que j'avais vécu n'était qu'un songe, un spectacle, comme si tout le monde était parti pour laisser la place à d'autres personnages, qui ne savent rien de ce qui s'est passé avant eux.

— Colette ?

C'est une voix familière.

Une silhouette tout en blanc s'approche de moi : une petite femme aux yeux rieurs et déjà pleins de larmes. Gougoutte, telle qu'en elle-même, exactement semblable à ce qu'elle a toujours été. J'ai brusquement l'impression que nous venons de nous quitter à l'instant. Je suis encore dans le couloir, à côté de ce flic stupide qui n'avait pas compris que j'étais arrêtée. Je l'entends encore me dire : « *File, mais file donc !* » et je sens dans mon dos la pression de sa main quand elle m'a poussée vers la vie, la liberté.

Nous nous étreignons violemment, comme deux rescapées.

19

Libération

Au téléphone, nous avions rapidement parlé avant de prendre rendez-vous, n'échangeant que l'essentiel. Je sais qu'elle ne m'a pas tout dit ; il s'est passé trop de choses, de toute façon. À son expression, je comprends que le dénouement a été bien plus terrible que je pensais. Il n'y a plus eu d'évasions, m'apprend-elle, et ceci ne me surprend guère. Les Allemands multipliaient les visites et les contrôles. Il y avait eu des personnes déportées, et, bien sûr, on n'avait pas eu de leurs nouvelles.

Plus que jamais, Rothschild était devenu une prison.

Gougoutte se taisait, laissant errer son œil brillant sur les passants. Au bout d'un moment, nous nous posons à la terrasse d'un petit café du boulevard de Picpus. Elle me raconte les derniers mois d'occupation. Tant de monde a disparu. Le directeur Halphen, Leibovici, Weismann. Jacques Ulmann, l'interne avec ses beaux yeux noirs et sa mèche blanche dans les cheveux.

Un vieillard passe devant nous, accompagné d'une femme plus jeune qui porte un nourrisson dans les bras. Nous les regardons marcher, avec sûrement les mêmes pensées très tristes, ces femmes et ces enfants hospitalisés à Rothschild, et qui sont finalement repartis par les trains. Aucune nouvelle de tous ceux-là. Aucune nouvelle de Danielle et de sa famille.

Une tempête était passée, de noirceur et de mal, qui avait tout balayé sur son passage. Aux premiers combats de la Libération, me raconte mademoiselle Damengout, tout le personnel s'est réparti dans différents hôpitaux de Paris sous l'ordre de la Résistance. Les premiers blessés de la bataille sont arrivés peu après, conduits par Simon Schwartz. Lui était vivant, au moins.

Elle m'explique que résistants et miliciens se sont battus dans le cimetière de Picpus, juste derrière l'hôpital. Mais je me fiche bien de ce qui est arrivé à ces saletés de miliciens.

— Marie, la standardiste, a été déportée. Tu le savais ?

— Non. Je ne le savais pas.

— Le docteur Zadoc-Kahn aussi. Et Marcelle Dreyfus, la surveillante.

Ils sont partis pour la déportation, dans les mêmes convois que les Juifs, les résistants, les Tsiganes et les homosexuels, tout le monde dans les mêmes conditions. Nuit et brouillard.

— Tu sais, ajoute-t-elle d'un ton désabusé, tout le monde n'était pas d'accord pour qu'on essaye de sauver les malades.

— Oui. Je sais.

Je pensais à Meyer, le patron du service de chirurgie, le trouillard qui se débarrassait des patients à peine guéris.

— Il y a même eu des lettres de dénonciation.

Je lui lance un regard peiné.

— Tu veux dire, des membres du personnel ?

— Oui. Mais on ne sait pas qui. Quelqu'un écrivait au commandant du camp de Drancy. Oui, c'est comme ça, Colette.

Je tâche de réfléchir, écœurée par autant de bêtise ou de méchanceté. Qui avait été assez salaud pour s'offusquer qu'on sauve des enfants, qu'on leur épargne le trajet vers l'Allemagne ? Qu'est-ce que ça pouvait bien leur faire ? Je repensais à Bordier en me demandant ce qu'il avait bien pu devenir. Sans doute se planquait-il quelque part, ou alors au contraire il se montrait soudain au grand jour, comme ces officiers d'opérette, résistants de la vingt-cinquième heure que j'avais parfois vus ces dernières semaines.

Ce sont eux qui parlent le plus fort et qui s'agitent le plus, leur pétoire à la main, très pressés de se venger (de quoi – d'avoir été aussi lâches, aussi lamentables ?) et de se forger au plus vite, et sans trop de risques, un passé de résistant.

Après ma fuite de Rothschild, les Allemands se sont montrés de plus en plus impitoyables. Dannecker, le sale type qui avait frappé Leibovici, a été remplacé par un autre SS, un certain Brunner, tout aussi enragé. Il avait rebaptisé l'hôpital « camp Picpus ». Ce n'était plus qu'une prison parmi d'autres. L'orphelinat était devenu « camp Lamblardie ». Les policiers français – jugés trop conciliants – avaient été remplacés par les vigiles d'une société privée. Oui, des entreprises françaises obtenaient ce genre de marchés à Paris en 1943. Alois Brunner venait régulièrement faire son inspection, bottes bien cirées et regard dur. Il raflait tantôt les mères, tantôt des vieillards ou des enfants. Folie criminelle et administrative. Tous les pavillons avaient été entourés de barbelés, tous les non-Juifs, chassés. À la fin, même les vigiles ne suffisaient plus : Brunner avait ordonné aux malades détenus de se surveiller eux-mêmes, comme dans les ghettos polonais. En cas d'évasion, ils seraient fusillés ou déportés.

L'année 1944 avait été terrible pour les orphelinats et les maisons d'enfants de l'UGIF, et ce, jusqu'au cœur de l'été, alors que les blindés américains n'étaient plus qu'à une poignée de kilomètres de Paris. Ils voulaient tout détruire, le plus d'enfants possible. Des centaines de pauvres gosses avaient été déportés.

Le sort du dernier administrateur juif de l'hôpital avait été particulièrement affreux : Armand Kohn faisait partie de ces hommes de devoir, indécrottables serviteurs de l'autorité. Après avoir scrupuleusement obéi aux Allemands, il s'était persuadé qu'il serait épargné. Mais non : il avait été arrêté avec sa femme et tous ses enfants.

Tous avaient été déportés quelques heures avant la libération de Drancy, puis de l'hôpital.

— Et Claire Heyman ?

— Les boches l'ont prise, me dit Gougoutte avec un sourire triste. Mais elle a eu de la chance. Ils n'avaient rien contre elle. Elle a été interrogée plusieurs jours et ils l'ont relâchée. On passera la saluer, si tu veux. Tu verras : elle n'a pas changé du tout !

Non, elle n'avait sûrement pas changé. Je la voyais très bien occupée, exactement comme avant la guerre, à sauver les enfants et à aider les autres. Plus forte, plus maligne que la Gestapo. Cette femme est un roc.

— Toi non plus, tu n'as pas changé ! Ça te va très bien, cet uniforme. Qu'est-ce que tu es, maintenant ? fait Gougoutte en pointant du doigt mes galons. Au moins colonel ?

J'éclate de rire.

— Je suis sergent-chef, figure-toi. Je m'étais engagée dans l'armée sans le savoir. Il va falloir que j'attende la fin de la guerre, maintenant.

Je lui raconte mes déboires. Pas question que je passe des mois dans l'antichambre d'un officier à taper des rapports. Je suis médecin ; je dois donc intégrer le service de santé. Et partir au front.

Gougoutte sourit largement, toute tristesse envolée.

— Je vois que tu n'as pas changé, me dit-elle en se levant. Viens, on va tâcher de manger un morceau. C'est moi qui régale. Et tu n'as pas le droit de me dire non.

Nous marchons un instant sur le boulevard, bras dessus, bras dessous, avant qu'elle ne reprenne la parole, soudain plus sérieuse.

— Maria Errazuriz aussi a été arrêtée, reprend-elle avec amertume. Il paraît qu'ils l'ont passée à la baignoire.

Maria Errazuriz est l'assistante de Claire, une Chilienne qui l'a aidée à monter toute l'organisation.

Elle me rassure en posant sa main sur la mienne, une main d'infirmière, ferme et précise.

— Elle a été très bien : elle n'a rien dit. Ils ont été forcés de la relâcher. Tu vois, nous sommes tous là, maintenant.

Elle prend son inspiration, réalisant sans doute qu'elle a parlé trop vite.

Des pensées amères me viennent. Non, nous ne sommes pas *tous* là.

20

Pédiatre

À force d'insister, j'ai obtenu le grade de médecin sous-lieutenant, puis de lieutenant, mais on refuse obstinément de m'envoyer sur le front, où je demande à servir. C'est vrai, je n'ai aucune expérience de l'urgence médicale et de la traumatologie ; tout ça est très logique. Mais affreusement frustrant.

Je me retrouve quelque temps affectée au conseil de révision pour les jeunes FFI qui veulent s'engager dans l'armée, ce qui ne me procure aucun plaisir. Puis on me trouve un autre poste à Courbevoie, où la vieille caserne Charras a été transformée en hôpital militaire.

À mesure que le front allié s'enfonce en Allemagne, la France est peu à peu submergée par le retour d'internés ou de déportés. Au printemps 45, nous apprenons l'horreur : les journaux parlent de camps de la mort, d'usines de la mort sans vraiment préciser d'ailleurs que les Juifs ont eu un traitement à part.

Dans ces camps, personne ou presque n'a survécu. Danielle…

Seuls les requis du STO ou les prisonniers de guerre rentrent, foule misérable et disparate. Je suis chargée de soigner ces malheureux, qui semblent émerger des oubliettes de l'histoire. Attrapés sur les routes de France à l'été 40 (beaucoup à cause d'une phrase sournoise de Pétain : « C'est le cœur serré que je vous dis aujourd'hui qu'il faut cesser le combat »), ils viennent de croupir plus de quatre ans en captivité, loin des leurs, méprisés, mal nourris. Nombre d'entre eux sont dans un sale état, faibles ou souffrant de tuberculose.

Pour mon malheur, mon chef est un médecin capitaine dénommé Matthieu[1], pneumologue de son état, mais surtout pétainiste aigri qui vient d'être rétrogradé, ce qu'il ne digère pas. Lui et son adjoint, des militaires de carrière, sont à l'exact opposé de notre groupe de jeunes officiers, tous issus de la Résistance. Autant dire que l'ambiance n'est pas des plus cordiales.

Ce triste imbécile n'a rien trouvé de mieux que d'instaurer une discipline de fer parmi les pauvres prisonniers libérés. Il veut les traiter en soldats, bon Dieu, alors que ce ne sont que des civils épuisés, victimes à la santé délabrée qui n'attendent que de retourner enfin chez eux.

Résultat, il fourre les malades dans des chambrées de dix *par ordre alphabétique*, sans tenir compte de leurs maladies. Ainsi, de jeunes FFI souffrant d'angine se trouvent au contact de grands tuberculeux qui inondent leur entourage de bacille de Koch. Une façon mesquine de se venger de ses propres déconvenues, mais surtout une pratique sadique et criminelle, qui me met en furie.

1. Le nom a été modifié.

Chaque jour ou presque, nous nous accrochons là-dessus.

— Il faut isoler ceux qui ont la tuberculose. Au moins les isoler puisque vous ne voulez pas les envoyer au sanatorium.

— Vous n'avez pas à en juger. Ce sont des militaires et ils appartiennent au service de santé des armées.

Ils appartiennent...

L'expression me fait bondir. Ils *appartiennent* au service de santé comme les Juifs *appartenaient* à l'administration de Drancy. Ce type me fait presque penser à Bordier, le salopard qui a fait déporter Danielle et sa sœur. Eh bien, non, ces hommes *n'appartiennent* à personne, si ce n'est peut-être à leurs familles, si toutefois elles ont survécu. Toutes ces pensées me traversent l'esprit, tandis que nous nous défions du regard.

Et je reprends :

— Au moins, mettez-les à part, ils vont contaminer tout le monde. C'est ça que vous voulez ?

Une œillade furieuse. Il se redresse et se raidit, ce qui ne m'impressionne pas le moins du monde. Et cela semble l'irriter au plus haut point.

— La discussion est close, mademoiselle.

(Petite pique au passage : je ne suis pas *mademoiselle* ici, mais *lieutenant*. Ce qui ne me fait ni chaud ni froid.)

— Pas pour moi, dis-je en le poursuivant dans le couloir. Il y a ici des jeunes gens qui sont soignés pour une petite infection. Qu'est-ce que vous voulez ? Qu'ils repartent avec une tuberculose ?

— S'ils attrapent la tuberculose à l'armée, ils auront une pension.

Je crispe la bouche en retenant mes insultes.

— Et s'ils en meurent ?

— On court des risques quand on s'engage, lieutenant.

— Les risques, c'est à la guerre qu'ils doivent les prendre. Pas à l'hôpital !

Pour un peu, je me jetterais à sa figure pour le griffer. J'ai envie de l'injurier et il n'attend que ça. Je le comprends soudain en percevant une lueur perverse au fond de son regard. Mais je ne vais pas lui offrir ce plaisir.

Nous nous toisons, bouillonnants de colère, moi avec deux têtes de moins que lui.

— Je vous avertis qu'il y aura des sanctions, siffle-t-il enfin.

Sans répondre, je hausse une épaule et je m'éloigne. S'il savait ce que j'en ai à fiche, de ses sanctions !

Le soir, je raconte l'épisode à mon père. À la Libération, il avait repris quelque temps l'uniforme et s'occupait de relancer les usines d'armement au fur et à mesure de l'avance des Alliés. Il sillonnait les routes malgré ses problèmes cardiaques de plus en plus fréquents, ce qui l'avait épuisé. À présent, il était démobilisé, alors que moi je retournais chaque matin à la caserne.

À mon récit, il pousse un profond soupir, entre lassitude et complicité. Je n'ai jamais fait preuve d'un esprit très conformiste jusqu'à présent ; ça ne risquait pas de commencer maintenant.

— Bon. Tu as de la chance : je connais le général Arène, le patron du service de santé. Je vais voir ce que je peux faire pour toi.

Quelques jours plus tard, il m'annonce qu'on m'a mise en congé pour que je puisse préparer ma thèse.

Ma carrière militaire est terminée, je n'en suis pas fâchée plus que ça.

Je vais enfin pouvoir reprendre mes études.

Nous avions eu des nouvelles de la famille. Bijou est vivante, bien vivante. Mon père et ma mère ont fait un voyage en Belgique en mars 45 pour la récupérer. Je la revois arriver à la maison, l'air d'une enfant inconnue. Elle nous a quittés depuis presque deux ans et demi, ses traits se sont affinés, elle a grandi et minci ; maintenant, c'est presque une jeune fille. J'ai senti mon pouls s'accélérer et, après un petit silence, surprise et émotion mêlées, elle s'est jetée dans mes bras. Je sens contre moi sa chaleur, son odeur. Elle se serre fort contre moi tandis que je revois défiler un tourbillon d'images, son arrivée au monde, les biberons que je lui donnais à Tunis, nos promenades avec mon amie Lucette et son petit frère, sous le soleil éclatant d'Afrique, de grandes taches éblouissantes marquetant le sol, au pied des pins parasols.

Maurice aussi est vivant. De la Tunisie, il était passé en Algérie pour s'engager dans les Forces françaises. Il a été incorporé dans l'armée américaine (malgré ses dix-sept ans, et ils étaient nombreux dans son cas).

Devenu aviateur, il sert sur un porte-avions dans le Pacifique !

Mon père ne l'a jamais revu. Après un voyage éclair en Tunisie, où Yoyo venait de se marier et d'avoir un enfant, il est rentré en France, toujours plus faible. Les crises d'angor se succèdent, mettant son cœur à rude épreuve. Et pas de traitement efficace.

Le 30 septembre 1945 est arrivé ce que nous pressentions tous.

Le monde s'est assombri comme ses traits. Il était couché, à demi endormi, sous une pile de couvertures. Son visage fier et plein de vie semblait soudain sans expression. Le médecin me fit comprendre qu'il n'y avait rien à faire. Nous avons beaucoup pleuré et, deux jours après cet infarctus massif, mon père, Samuel Brull, est mort à l'âge de soixante-cinq ans.

Il y a eu l'enterrement, dans cette grisaille infinie de la Libération.

Et tandis que son absence commençait à peser affreusement, tandis que ma mère faisait face comme toujours (car sa mort nous laissait sans ressources, de même que son arrestation trois ans plus tôt), un fantôme surgit soudain du passé.

Il a toujours cette mèche blanche entre ses cheveux sombres, l'air calme et serein, et malgré ses traits tirés le même beau regard noir : Jacques.

Il a téléphoné un jour, car nous n'avions pas changé de numéro. Et nous nous sommes revus.

Si la pudeur nous interdit tout geste déplacé, nos yeux parlent pour nous. C'était comme une conversation interrompue la veille et qui reprenait.

Et cette conversation-là a duré tout le reste de nos deux vies.

Pendant des heures, nous nous racontons nos guerres.

Ses pérégrinations lui ont laissé un goût amer d'inachevé. Après son arrivée en zone sud, bientôt entièrement occupée par les Allemands, il a combattu pour la Résistance sous une fausse identité. Mais début 44, il a été arrêté dans une rafle à Toulouse et jeté en prison sans que personne sache qui il était vraiment. Entre résistants, Juifs en fuite, trafiquants ou déserteurs, la confusion était telle que même la Gestapo ne s'y retrouvait pas. Ces messieurs en costume de sport et cravate en soie l'ont à peine interrogé. Par la suite, dévoré de poux et de punaises, tenaillé par la faim, terrorisé à l'idée d'être démasqué, Jacques a passé plusieurs mois en prison, d'abord à Toulouse, ensuite au fort du Hâ.

Finalement, il a été libéré au bout de six mois, mais ces aventures l'ont épuisé.

Le temps de se remettre, on l'envoie comme médecin militaire dans l'armée d'occupation, en Allemagne. Je sais que je le reverrai.

Malgré l'infini plaisir que me font ces retrouvailles, si pleines de promesses, ma famille se retrouve dans la même situation que fin 1941, lorsque papa avait été interné à Drancy : son décès a été très brutal et le système de pension tarde à se mettre en place. Je me retrouve seule avec ma mère et Bijou, alors que les restrictions sont maintenues, les tickets de rationnement et leur inévitable corollaire, le marché noir.

Sauf que nous n'avons pas d'argent.

Certes, la belle-famille de Tunisie pourvoit un peu à nos besoins, mais ça ne suffit pas. Je me mets donc en quête d'un travail. Plus que jamais, j'ai l'ambition d'être pédiatre. Mais je dois parer au plus pressé. Je prends donc le premier poste qu'on me propose : employée au dispensaire de Bezons, celui-là même où a servi avant la guerre le docteur Destouches, dit Céline. Et je suis ravie d'obtenir cet emploi, non pas à cause de ce prédécesseur abject, mais parce que je suis chargée de consultations dans les écoles.

Le matin, je reçois la population locale, très défavorisée. Les après-midi, je les consacre aux enfants. Mais je suis bientôt confrontée à de désagréables réalités politiques.

Dans cette banlieue pauvre, les gamins ont beaucoup souffert, entre la faim, la soif, les carences de toutes sortes – sans compter les traumatismes. Or j'avais reçu de la part du ministère un avis, qui me permettait de distribuer gratuitement pendant un an du lait, des produits laitiers et divers compléments vitaminés. Je n'avais qu'à leur désigner une centaine de familles, celles qui en avaient le plus besoin.

Chose qui est faite, et j'y ajoute même d'autres enfants, car certains font vraiment pitié. Mais quelques jours plus tard, mon courrier me revient. Le maire a refusé de le faire suivre au ministère. Il l'a de plus agrémenté d'un bref commentaire manuscrit :

> *Nous ne pouvons demander ni accepter cette aide.*
> *Il n'est pas question de prendre d'argent de la part de ces gens-là.*

De *ces gens-là*...

Que veut-il dire ?

Je me précipite dans le bureau de l'infirmière, furieuse, mon enveloppe ouverte à la main.

— Qu'est-ce que c'est que ça ? Le maire lit mes lettres confidentielles ?

Elle baisse les yeux avant d'acquiescer du bout du menton.

— Il lit tout le courrier. Le dispensaire dépend de la mairie.

— Je ne suis pas d'accord ! De quel droit ? Enfin, vous êtes infirmière, non ? Ça relève du secret médical !

— Je sais. Mais je ne peux pas faire autrement. Je suis veuve et je ne suis pas vraiment infirmière, je n'ai pas le diplôme. Si je vais contre lui, il me mettra dehors.

— Je ne comprends pas. Qu'est-ce que ça peut lui fiche qu'on donne du lait à ces gamins ? Il leur a demandé leur avis, aux mamans ? Vous croyez qu'elles n'en voudraient pas ? Les gosses sont rachitiques, on leur voit les côtes ! Enfin, vous savez bien, non ?

Elle hoche la tête, honteuse. Avant de m'avouer que le maire refuse ces compléments parce qu'ils viennent des Américains. En bon communiste, il obéit aux consignes de ses chefs qui veulent à tout prix faire échouer le plan d'aide des États-Unis. Quitte à faire souffrir des enfants.

Une énorme colère monte en moi. Alors, il est aussi bête que tous ces gens qui ont laissé faire la déportation parce que les ordres sont les ordres, n'est-ce pas ? Je suis hors de moi, je menace de porter plainte. L'édile me vire, mais m'offre sept mois de salaire en échange de mon silence.

J'accepte, dégoûtée à tout jamais de la politique.

J'avais vraiment besoin de cet argent : Jacques et moi, nous venons de nous marier et je suis enceinte de mon premier enfant, André.

Nous avons vécu quelque temps chez ma mère (je continuais à surveiller attentivement les études de Bijou, c'était l'une des dernières volontés de mon père), puis nous avons habité chez la maman de Jacques.

Un an plus tard, en 1948, nous avons acheté une clientèle à Noisy-le-Sec, une banlieue ouvrière encore à moitié ruinée par les bombardements. Nous emménageons dans un assez grand pavillon dans le Petit-Noisy, Jacques s'installe comme généraliste, et moi comme pédiatre.

J'ai dû me battre pour y arriver. L'ordre des médecins estimait que je n'avais pas suivi les bons cours. C'était le début de la Sécurité sociale, qui ne reconnaissait pas les spécialistes. Je voulais soigner des enfants ; rien au monde ne m'y aurait fait renoncer. Mon titre définitif ne m'a été attribué que plus de vingt ans plus tard, en 1970 !

Mais je suis devenue pédiatre.

Jamais un seul jour je ne me suis ennuyée. Chaque enfant porte l'humanité tout entière, chacun est un monde en soi, un univers qui ne demande qu'à être découvert. Il faut alors la patience de l'explorateur pour s'y frayer un chemin. Tout cela me vient de Bijou, j'en suis sûre. J'avais tout de même treize ans de plus qu'elle. Elle était fragile, souvent malade, je m'inquiétais toujours pour elle. Certains matins, à Tunis, je n'étais pas tranquille au lycée, comme une maman qui part au travail, laissant sa fille malade. Comment allais-je la retrouver ?

Et je me dépêchais sur le chemin du retour.

Les nouveau-nés m'ont toujours attirée plus que tout. Ils ont déjà des réflexes, une personnalité très définie que nous ne percevons pas avec nos regards d'adultes, nos regards grossiers et insensibles. Même à huit jours ou dix jours, un mois, ils ont leur vie, leur sensibilité, leurs inquiétudes. Tout est là devant nous, et nous ne voyons rien.

Le pédiatre est celui qui construit des ponts entre ces êtres surnaturels et nous, le monde des parents. Certaines mères savent lire les signes comme on déchiffre une langue inconnue. D'autres, non, et cela n'a rien à voir avec l'amour. C'est comme un don. Certains entendent la musique et savent la jouer d'instinct alors que d'autres joueront faux toute leur vie. Personne n'y peut rien. Au moment de la retraite, c'est cela qui m'a fait le plus mal : ne plus communiquer quotidiennement avec les tout-petits.

Certaines mères arrivent à comprendre cet univers, à sentir que quelque chose ne va pas. D'autres, non. Mais je ne juge pas : l'amour maternel peut rendre aveugle, bien plus sûrement que toute autre sorte d'amour.

L'une de mes plus grandes frayeurs de maman est survenue un matin, lorsque mon fils André est venu me tirer par la manche.

— Viens voir, maman, c'est bizarre. J'ai fait pipi rouge.

Je me rue vers les toilettes. Des traînées sanguinolentes se diluent sur le contour de la cuvette. J'ai les yeux exorbités, les lèvres sèches : son urine est rouge, c'est un cancer du rein. Il va mourir.

J'ai appelé une pédiatre de mes amies, la gorge serrée. Comment un tel malheur peut-il s'abattre sur moi ? Comment allons-nous faire, où le soigner ?

— Depuis combien de temps André a les urines rouges ? me demande-t-elle.

— Depuis quand ?...

J'arrive à peine à parler. Mes pensées s'agitent en tous sens, angoissées.

— Depuis... depuis ce matin. Ce matin, oui.

Un silence.

— Tu as fait analyser ses selles ?

Une analyse au microscope. C'est ce que j'aurais immédiatement prescrit pour n'importe lequel de mes patients. Mais pas pour André. J'avais tiré la chasse sans réfléchir, comme pour effacer son sang.

— Non. C'était ce matin.

Un nouveau silence. Je pense qu'elle me cherche déjà le meilleur hôpital, le meilleur spécialiste. Je réfléchis à ce que je vais dire à Jacques, aux mots que je vais devoir trouver. Aux traitements. À l'indispensable organisation et aux souffrances que nous allons devoir endurer.

— Qu'est-ce que vous avez mangé hier soir ?

La question m'a déstabilisée, mais je lui détaille le menu avec effort. Qu'est-ce que ça peut faire ?

— Et en entrée ?

— De...

Je me mets à rire, aussi soulagée qu'un condamné à mort qu'on vient de gracier. Nous avons mangé de la betterave, et voilà pourquoi la famille Brull-Ulmann faisait pipi rouge. La maman paniquée avait oublié en un instant les sept ans d'études et presque autant de pratique de la pédiatrie.

Après André, deux autres enfants sont arrivés : Élisabeth en 1949, puis Annette quelques années plus tard, en 1955, parce que je voulais trois enfants.

Il y avait toujours ce poids en moi, le poids des horreurs que j'avais vues, et surtout celui du remords. Au fil du temps, je m'étais persuadée que le silence peut effacer les mauvais souvenirs. Mais c'était faux. Les douleurs ne font que tourner en rond, comme des prisonnières dans leurs cellules ; elles frappent aux barreaux, elles piétinent dans le noir et se rappellent à vous dès que vous êtes seul avec vous-même.

La disparition de Danielle me hantait, chaque jour. Chaque jour, je la retrouvais en pensée, j'entendais sa voix et ses rires, son pas rapide. J'imaginais presque son odeur et puis je la voyais soudain partir, emportée par Bordier. Je restais immobile, impuissante, les mains tendues dans un cri silencieux. Puis le songe repartait brusquement, m'abandonnant avec mes remords.

Lorsque mes enfants ont été adolescents, ils ont voulu des détails, ils savaient que Jacques et moi avions résisté pendant la guerre. Alors, nous avons fini par raconter, mais par petits bouts ; à vrai dire, je parlais le moins possible. Je m'en voulais d'avoir survécu alors qu'elle était morte d'une façon si horrible et que tant d'autres avaient disparu.

Un jour, j'ai appris le travail que faisaient Serge et Beate Klarsfeld. Dans les années 1980, j'ai su notamment qu'ils poursuivaient un homme dont le nom me rappelle l'horreur : Alois Brunner, l'ancien commandant du camp de Drancy, le nazi qui avait succédé à Dannecker. Pour celui-là, il n'y avait plus rien à faire : il s'était suicidé en Allemagne, à la fin de la guerre. Mais Brunner, son successeur, avait survécu et s'était réfugié en Syrie, d'où les Klarsfeld tentaient de le faire expulser.

L'homme avait déployé une activité féroce : rafles dans les orphelinats, dans les hôtels, dans les trains, sur la Côte d'Azur dans l'ancienne zone italienne. Il a fait tuer des dizaines, des centaines d'enfants.

Mais tant d'autres ont été sauvés. Il faut le dire, raconter.

Chasser ma honte et mes regrets, et raconter.

Peu à peu, je me mets à repenser à ce que nous avons fait sous les ordres de Claire Heyman. Je revois son visage, si proche, si lointain. Des souvenirs enfouis ressurgissent. Et je me dis que ce sont de beaux souvenirs. Que je n'ai pas le droit de les taire. Ils sont là, à portée de parole. Je revois Claire qui s'approche de moi dans une allée de l'hôpital, qui me dit :

— *J'ai un service à te demander. Il faudrait sortir des enfants...*

Et je m'entends lui répondre :

— *Quand ? Et que faut-il faire ?*

Je repense à l'unique trajet dont je me souvienne précisément, avec ce garçon qui me scie le bras, et la petite qui marche vaillamment à mes côtés, sans prononcer un mot. Je pense au porche qui s'ouvre pour les avaler dans le noir, vers l'anonymat qui était la vie et la liberté.

Il faut parler.

Alors, je parle.

Je décris l'hôpital, la grande rafle de l'été, les vieillards mourants, les enfants qui vont et viennent dans le parc. Ceux qui ont eu peur et ceux qui ont été bien : Claire Heyman, Gougoutte, Schwartz et les autres.

Mais je ne parle jamais de Danielle et Céline. Je n'y arrive toujours pas. C'est au-delà de mes forces, de mon courage. De ma pudeur.

Je sais que c'est idiot, mais je n'y peux rien. C'est comme ça.

Les années ont encore passé. André, Élisabeth et Annette ont eu leurs enfants. Mes petits-enfants. Ils ont grandi à leur tour, ils m'ont posé des questions à leur tour. Ils savaient que Colette avait *fait quelque chose pendant la guerre*. Je racontais l'hôpital, mais toujours pas Danielle. Et, comme s'ils devinaient un secret, ils insistaient.

Et j'ai fini par le leur dire.

Danielle et Céline emportées dans les wagons et tuées, comme deux punaises, elles, si belles et si pures. Les mots ont du mal à passer. En racontant, j'ai l'impression d'être enfermée dans le train avec ces enfants, avec les odeurs, la faim et la souffrance, la souffrance de savoir que ça ne finira pas, qu'il n'y aura jamais ni répit ni soulagement.

Même maintenant que j'ai raconté, je ne supporte toujours pas. Je ne supporte pas et je ne comprends pas.

21

Après

Peu de temps après la Libération, on nous avait appelés pour témoigner contre le docteur Bordier, le salaud qui avait fait déporter les fillettes.

Face à la justice, il porte beau, il se défend avec méthode, avec cette mauvaise foi dure de celui qui n'a ni remords ni regrets. Les trains ? Ben oui, il savait, mais il ne savait pas où allaient les trains. Et comment il l'aurait su, puisque personne n'était au courant ?

— C'étaient des wagons à bestiaux. On savait que les conditions étaient dures. Mais on ne savait pas pour le reste. Si on avait su…

Que répondre à ça ? Et qu'aurait-il fait, d'ailleurs, s'il avait su ? J'ai eu envie de lui crier la question à travers la salle.

— Les gosses n'étaient pas malades. Elles n'avaient rien à faire à l'hôpital. J'ai suivi les consignes, n'est-ce pas ? J'ai fait mon travail de médecin…

— C'est vrai. Mais vous étiez médecin des hôpitaux. Pourquoi avez-vous pris cet emploi à Drancy ? Vous n'étiez pas forcé.

— C'était un emploi de médecin comme un autre. Je ne savais pas pour le reste.

— Vous saviez bien à quoi servait le camp de Drancy, non ?

— Oui, mais je ne savais pas pour le reste. C'est un poste qu'on m'a proposé et je l'ai pris, c'est tout.

On tournait en rond. Il était habile et il en profitait. Ce qu'il aurait dû dire, la triste vérité, c'est que rien ne l'obligeait à travailler à l'infirmerie de Drancy. Il l'avait fait pour un peu d'argent, un peu de pouvoir. Ou parce qu'il ne trouvait pas ça si mal, tous ces Juifs entassés dans la crasse, affamés, terrorisés, qu'il était plutôt content de les voir partir à l'aube dans leurs trains. Qu'il y trouvait du plaisir. Le plaisir d'humilier, celui d'écraser de tout son pouvoir une petite fille de trois ans.

Et de l'envoyer dans des trains de déportation sans ciller. Parce que les ordres, ce sont les ordres.

Tout ça est répugnant, écœurant, pitoyable. C'est un salaud, un pauvre salaud ordinaire et sans panache. Il n'y a pas de lois contre ça.

Bordier a été condamné : trois mois de suspension.

J'ai préféré oublier, qu'il aille au diable. Et de toute façon, ça ne fera revenir personne.

Au fil du temps, j'ai su ce qui était arrivé à tous ceux que j'ai croisés à l'hôpital.

La plupart ont survécu, Claire Heyman la première, indomptable et silencieuse. Quelques jours après la Libération, elle a retrouvé son petit bureau d'assistante sociale, recommençant à remplir ses questionnaires et ses fichiers, à chercher des refuges pour les enfants.

Mais cette fois, plus de danger de mort. Ils sont nombreux à lui écrire ou à venir la voir en l'appelant *tante Claire*. Tout le monde sait le rôle qu'elle a joué, mais elle n'en parle jamais. Jamais elle n'a écrit quoi que ce soit sur la période, et le voile qu'elle a jeté sur son réseau y est resté posé pour toujours. Aucun historien ne démêlera jamais les fils compliqués de son organisation clandestine.

Claire Heyman ne vivait que pour son métier et pour les autres. Elle ne s'est pas mariée et a exercé son métier d'assistante sociale jusqu'à la retraite. La maladie l'a rattrapée vers la fin de sa vie, une atroce atteinte qui efface la mémoire, c'est cruel. Certains témoins racontent qu'elle criait parfois dans les couloirs :

— Sauvez-vous, sauvez-vous, vous allez être arrêtés !

Elle est partie à la fin des années 1990.

J'ai souvent revu Gougoutte, qui elle aussi a consacré sa vie à l'hôpital. Jusqu'à la fin, elle a gardé les mêmes yeux bleus naïfs et rieurs, la même bonne humeur et le même dévouement absolu aux autres. Elle a vécu très vieille, jusqu'à ce que je l'accompagne pour son dernier voyage. J'ai réalisé en la quittant à quel point elle et les femmes de Rothschild avaient été exceptionnelles. J'ai su que Maria Errazuriz avait dépensé une partie de sa fortune pour aider les enfants, puis qu'elle est finalement repartie vers son Chili natal, dont elle n'est jamais revenue.

Pendant longtemps, j'ai continué à fréquenter mes complices du laboratoire, Lison et Hirsch-Marie, mademoiselle Damengout, les petits soldats de Claire

Heyman. Les autres – Simon Schwartz, Weissman, Lobelsohn, Perel, Dupont –, je les ai perdus de vue. Je travaillais beaucoup et j'avais les enfants.

Le père Kenneth a survécu, lui aussi. Pendant quelque temps nous nous sommes écrits. Un jour, il m'a indiqué qu'il retournait dans son couvent et je n'ai plus jamais eu de nouvelles. Comme Claire Heyman, il avait fait son devoir et reprenait la vie civile, à l'exemple de ces citoyens romains d'autrefois, qui retournaient cultiver leurs champs une fois la guerre achevée.

En 1945, mon père, qui avait déjà eu une croix de guerre durant la Grande Guerre, en a eu une autre pour celle-ci. Il a été nommé officier de la Légion d'honneur à titre posthume. Moi-même, j'ai reçu la croix de guerre avec palmes, accordée par le général de Gaulle, ainsi qu'une lettre de remerciement des autorités américaines pour avoir soigné des aviateurs alliés. Les diplômes sont restés enfermés dans le placard d'une commode et je n'en ai jamais parlé à personne.

En 2019, le président Macron m'a remis la médaille d'officier de la Légion d'honneur à titre militaire, presque 75 ans après les faits. Je méritais, m'a-t-il dit, *la profonde reconnaissance de la République*. Si j'ai accepté cette distinction, c'est au nom de tant d'autres qui ne l'ont pas eue, mais en étaient sans doute plus dignes.

Dannecker, le premier commandant de Drancy, s'était suicidé après son arrestation par les Américains. Il avait été l'un des principaux responsables de l'extermination des Juifs européens. Brunner est mort en Syrie après avoir échappé à plusieurs tentatives d'assassinat israéliennes et françaises. Il a toujours regretté de ne pas avoir tué plus de Juifs.

Samy Halfon, le premier directeur de l'hôpital, avait réussi à s'évader du camp de Compiègne, où on l'avait enfermé après Drancy. Il a rejoint le maquis, où il a fini la guerre.

Leibo a survécu jusqu'à la Libération en se cachant à droite ou à gauche, dans le dénuement le plus total.

Worms, le grand médecin, peut-être celui qui tient Danielle par la main sur la seule photo de la fillette à Rothschild, a fini par fuir l'hôpital devenu un piège. Il a rejoint les Forces françaises en Algérie, puis a participé à la campagne d'Italie dans l'armée de Lattre.

Il faut que je revienne à Bordier.

Vers la fin des années 1970, j'ai appris que certains soignants de l'hôpital Tenon, à Paris (l'établissement qui avait servi à interner les Juifs malades, avant Rothschild), refusaient de saluer un certain professeur. Il n'avait *pas été bien* pendant la guerre. Un collabo. C'était un homme sûr de lui, un ponte dont la carrière au sein des hôpitaux parisiens n'avait jamais connu d'accident. Enfin, presque jamais.

Après s'être terré Dieu sait où dans l'immédiat après-guerre, Bordier avait obtenu deux ans plus tard une révision de son jugement – se gardant bien cette fois de nous faire témoigner. Seuls quelques amis triés sur le volet avaient dû être convoqués. Blanchi, il a réintégré son poste de médecin des hôpitaux avant de terminer sa carrière comme professeur. C'était un personnage brillant et ambitieux, à n'en pas douter.

Malgré l'attitude désobligeante de certains docteurs, il n'était nullement pressé de renoncer à son poste au moment de la retraite. Il a obtenu une prolongation – prolongation exceptionnelle, pour *faits de guerre*. Lesquels, on ne l'a jamais su. Tout comme on n'a jamais su comment ce personnage avait réussi à obtenir la Légion d'honneur.

Qu'il portait fièrement, paraît-il, au revers du veston.

C'est peut-être notre faute, après tout.

Pendant que Claire Heyman continuait à se rendre chaque matin dans son petit bureau de l'Assistance publique, pendant que je soignais des enfants à ma consultation, il avait pris tout son temps, cultivant des amitiés utiles, se fabriquant une légende de résistant exemplaire. Il avait réfléchi à ses petites combines, aux arguments qu'il emploierait lors de sa demande en révision, aux relations qu'il pourrait faire jouer, à sa guerre inventée, à ses *faits de guerre*.

Et nous, nous nous sommes tus. Comme si le réseau n'avait jamais existé. Comme si aucun enfant n'avait été sauvé.

Peu à peu, les témoins se sont éteints, Claire Heyman la première. Puis Gougoutte. Restaient les enfants sauvés. Ils ne pouvaient pas raconter, mais ils étaient là, bien vivants.

Ils auraient dû mourir et ils vivaient. Maintenant, ils devaient savoir.

C'est pour eux que j'ai commencé à témoigner. Plus seulement devant mes enfants ou petits-enfants, mais devant les autres. Je devais dire qui était Claire, qui était mademoiselle Damengout, qui étaient les enfants, ces ombres qu'on voyait passer, puis qui disparaissaient. Je devais dire qui était cette petite fille sur la photo, qui étaient Danielle et Céline, et qui était le salaud qui les avait envoyées à la mort.

Je ne parlais pas pour moi, mais pour les autres.

Il y a eu des commémorations, des expositions. Une plaque devant le mur de l'hôpital. Il y a eu quelques articles et un documentaire à la télévision. Je suis devenue la seule, la dernière survivante et j'ai répété inlassablement l'histoire de Claire et des enfants sauvés, sans varier, sans jamais oublier les deux petites filles, sans jamais oublier le salaud.

C'était un peu tard, sans doute ; il aurait fallu poser des questions à Claire, lui faire dire tout ce qu'elle savait, extraire de sa mémoire les noms qu'elle connaissait, ceux des cathos, des Juifs, des protestants, les connus et les anonymes, les noms des enfants ou des adultes qui avaient participé aux sauvetages, leurs histoires. Il aurait fallu, et ça n'a pas été fait.

Mais leur histoire ne disparaîtra pas.

Un jour, j'ai su la vérité pour Danielle.

Je devais apporter sa photo dans les bureaux de Serge Klarsfeld, qui collectait alors pour son association les portraits de tous les enfants déportés. La personne qui me reçoit est une dame d'environ soixante-dix ans. Alors que je lui explique qui est cette petite fille, son regard se fige. Elle pâlit, ses lèvres tremblent sous le coup d'une intense émotion.

— Je connais Danielle, me dit-elle. Je connais Danielle et Céline. C'étaient mes cousines.

C'est un coup au ventre. Cette dame a à peu près l'âge qu'auraient eu les deux petites si elles avaient survécu. Nous nous installons quelque part ; elle veut m'expliquer l'histoire.

— Mes parents avaient très vite compris qu'il fallait se cacher. Ils étaient tous les deux Juifs polonais. Papa était fourreur de luxe et travaillait pour les grands couturiers. Quand les hommes ont commencé à être raflés, il a décidé de se cacher. Il dormait la nuit dans son atelier. Il avait peur pour nous aussi et, grâce à un couple de notre immeuble, il nous avait trouvé une famille d'accueil dans la Sarthe, pour moi et mon frère. Ma mère aussi a fini par se cacher. Mais ma tante, la maman de Danielle et Céline, refusait de les laisser partir.

— Vous pensez qu'elles auraient pu partir avec vous ?

— Je crois que oui. Même plus tard, quand Danielle et sa sœur étaient à Rothschild. En octobre 1942, mon frère et moi nous sommes revenus de la Sarthe quelques jours à Paris. Mon père nous a emmenés chez le photographe, où nous avons retrouvé Danielle, qui était sortie en fraude de l'hôpital, pour faire une photo.

Autour de nous, alors qu'elle me parle, le monde a disparu. En un éclair, je me retrouve soixante ans plus tôt, je revois l'hôpital avec ses pavillons en brique rouge, la pelouse du parc, je revois Danielle qui joue et qui court avec sa sœur. Je me revois avec elle, l'emmenant goûter dans ma famille, et je l'entends me poser ses questions drôles et naïves.

La cousine de Danielle a passé la fin de la guerre avec son frère dans un village du Loiret. Leur mère aussi se cachait, et leur père devait la rejoindre. Mais il avait été dénoncé par la concierge, arrêté et déporté en février 1944.

— Maman ne s'en est jamais remise. Elle était ravagée de tristesse. Tous les jours, elle partait à l'hôtel Lutetia pour avoir des nouvelles des déportés, de papa, bien sûr, mais aussi de Danielle, Céline et ses parents. « Mon Dieu, faites qu'ils reviennent. » Mais personne n'est jamais revenu. Ça a été si dur...

Elle se tait, laissant une vague de douleur passer sur ses traits, qu'elle tente de chasser d'un sourire. Je devine son enfance saccagée, au milieu d'un cortège de fantômes. Sa cousine Danielle marche au premier rang de cette cohorte, avançant d'un pas si lent qu'elle en finit par ne plus bouger, figée pour toujours dans son souvenir.

Dans les années 1970, elle a rencontré Serge Klarsfeld et s'est mise à travailler pour lui, au sein de l'association des Fils et filles des déportés juifs de France. Cela lui avait permis de faire son deuil, de se libérer un peu du poids des morts.

Comme je la comprends, cette femme ! Personne dans ma famille n'a disparu, mais j'ai souffert du même silence, de la même honte, du même remords.

Et maintenant, je connais l'atroce vérité.

Danielle et sa sœur avaient eu la liberté au bout des doigts. Elles auraient pu trouver refuge dans la Creuse ou dans la Sarthe comme leurs cousines, dans les mêmes fermes. Et même plus tard, elles auraient pu fuir l'hôpital, grâce au réseau de Claire Heyman. Il est impossible qu'elle ne leur ait pas proposé.

Elle avait dû insister, et sans doute Gougoutte aussi, qui avait un laissez-passer spécial pour Drancy. Elles avaient sans doute tout essayé pour faire comprendre aux parents qu'il y avait une possibilité de faire sortir leurs filles de l'hôpital. « Danielle et Céline ne sont pas à l'abri à Rothschild. On peut les faire revenir n'importe quand, à Drancy. Et là ce sera trop tard. C'est de l'hôpital qu'elles doivent s'enfuir, vous comprenez ? On leur trouvera une cachette à l'extérieur, on arrangera tout pour les papiers, les Allemands ne sauront rien. Vous n'aurez pas de problèmes. »

— Mais ma tante n'a jamais voulu, me répète la cousine. Elle ne voulait pas se séparer de ses filles. Ils sont tous morts le jour de leur arrivée là-bas, en juin 43…

Tout est dit.

Un monde de regrets s'installe entre nous, complicité inattendue dans la souffrance.

Je me suis toujours dit qu'on aurait pu les sauver, qu'on aurait dû les sauver. J'ai beau savoir qu'on ne pouvait rien sans l'autorisation des parents, je n'arrive pas à penser autrement. Sans leur accord, c'était impossible. Seule, je n'aurais pas pu, tout le réseau aurait sauté. Je le sais, mais c'est comme ça, le remords est toujours là.

C'est ainsi, une chose qui arrive et que rien ni personne ne peut empêcher.

Je suis devenue celle qui soigne pour essayer de repousser ces moments terribles où l'homme ne peut rien contre le mal.

Ce combat a duré toute ma vie. Pédiatre, j'ai vu

ce mal prendre des enfants, j'ai été impuissante, folle d'impuissance et de rage comme je l'avais été dans la cour de l'hôpital. Mais j'ai soigné et guéri d'autres enfants. Et lorsque la maladie reculait, qu'elle abdiquait avant de fuir, ils me regardaient, épuisés, fragiles, mais heureux et bien vivants.

Et il y avait leur sourire.

Ces sourires, ces regards-là ont illuminé ma vie, ils ont apaisé mes blessures, ils rejoignaient ceux de Danielle et Céline, ceux de mes trois enfants, et tous les autres dans une danse à la vie et à l'amour.

À PROPOS DU RÉSEAU

Le réseau de l'hôpital Rothschild n'a fait l'objet d'aucun ouvrage d'historien, faute de traces écrites de ses principaux chefs, à commencer par Claire Heyman.

En 2011, une plaque commémorative a été apposée à l'entrée de la Fondation de Rothschild, rue de Picpus, à Paris.

En voici le texte intégral :

> *LA FONDATION DE ROTHSCHILD*
> *De 1941 à 1944, les établissements de la Fondation de Rothschild : l'hôpital, l'orphelinat, l'asile de vieillards, le sanatorium, dont certains réquisitionnés par la police de Vichy, furent transformés en annexe du camp de Drancy.*
> *Au cours de cette période, la plus noire de son existence, un certain nombre de membres du personnel de la fondation se sont conduits de façon héroïque.*
> *Ils ont contribué à sauver la vie de nombreux enfants et adultes qui, parce qu'ils étaient nés juifs, étaient promis à une mort certaine dans les camps d'extermination nazis.*
> *Nous leur exprimons ici notre reconnaissance.*
> *Ils sont l'honneur de notre fondation.*

Parmi eux, à la tête du réseau de résistance et de sauvetage de la fondation de Rothschild
Maria Errazuziz, Claire Heymann
Assistantes sociales

Samy Halfon, Dr Léon Bonafé
Directeurs

Dr Astruc, Dr Birman, Dr Léon Zadoc-Kahn (déporté)
Dr Jean Weissman, Dr Marcel Leibovici
Dr Robert Worms, Dr Colette Brull-Ulmann
Médecins

Violette Trividic, Germaine Marx,
Georgette Weill
Infirmières

Fanny Jelikovere, Marie Lévy (déportée)
Standardistes

Annie Assou, Désirée Damengout,
Marcelle Dreyfus (déportée)
Surveillantes

Yvette Worms
Économe

Pierre Monin
Chef électricien

Que leur courage serve d'exemple
aux générations futures.

À la mémoire de
Marie et Marcel Spitz.

Du même auteur :

Dans la série « Victor Dauterive, un enquêteur sous la Révolution » :

L'Affaire des corps sans tête, City Éditions, 2015
L'Affaire de l'homme à l'escarpin, City Éditions, 2016. Prix Polar de Saint-Maur en Poche 2018.
La Disparue de Saint-Maur, City Éditions, 2017.
L'Espion des Tuileries, City Éditions, 2018.
La Trahison des Jacobins, City Éditions, 2019.
L'Assassin de Septembre, City Éditions, 2020.

Les Experts du crime, City Éditions, 2018.
Minuit dans le jardin du Manoir, Le Masque, 2020. Prix du Roman d'aventures 2020.
Intouchable, City Éditions, 2021.
Les Nouveaux Experts du crime, City Éditions, 2021.

www.jcportes.com

PAPIER À BASE DE FIBRES CERTIFIÉES

Le Livre de Poche s'engage pour l'environnement en réduisant l'empreinte carbone de ses livres. Celle de cet exemplaire est de :
450 g éq. CO
Rendez-vous sur
www.livredepoche-durable.fr

Composition réalisée par PCA

Achevé d'imprimer en juin 2021 en France par
Laballery – 58500 Clamecy (Nièvre)
N° d'impression : 106264
Dépôt légal 1re publication : avril 2021
Édition 02 - juillet 2021
LIBRAIRIE GÉNÉRALE FRANÇAISE
21, rue du Montparnasse – 75298 Paris Cedex 06

31/5606/0